# Tarot-Begleitbuch
## zu den Motiven von Isabel Krsnic

AF222592

## Jutta Krüger

# Jutta Krüger

## Tarot-Begleitbuch
## zu den Motiven von Isabel Krsnic

**Bibliografische Information Der Deutschen Bibliothek:**
Die Deutsche Bibliothek verzeichnet diese Publikation in der Deutschen
Nationalbibliografie; detaillierte bibliografische Daten sind im Internet
über http://dnb.ddb.de abrufbar.

**Impressum:**
© 2008 Text: Jutta Krüger, NRW
© 2008 Kartenmotive: Isabel Krsnic ⇨ www.galerie.krsnic.de
ISBN-13: 978-3-8370-5735-5
Herstellung und Verlag: Books on Demand GmbH, Norderstedt
1. Auflage 2008

# Inhalt

# VORWORT

Leider werden die Tarotkarten häufig sehr schnell verurteilt, die Anzahl ihrer Karten gleichwertig gesetzt zum Schwierigkeitsgrad des Lernens. Wie bei jedem Hobby gehört aber nun einmal das Auseinandersetzen mit der Thematik dazu: wer sich dem Malen widmet, wird sich vorher kundtun, welche Farben er wählt, welche Flächen er bemalt, welche Voraussetzungen wofür notwendig sind, Schriftsteller müssen sich erst im Schreiben üben und Poeten im Erfassen von romantischen Versen, ein Arzt jahrelang studieren und ein Friseur etliche Perücken zerschnippeln. Doch egal wohin das eigene Interesse geht, ob Hobby oder Beruf: wenn wirkliches Interesse vorhanden ist, etwas zu können und zu praktizieren, dann ist die Bereitschaft zum Lernen unermesslich und es ist völlig egal, ob man 36 oder 78 Karten in der Hand hält.

Nun gibt es zu den Tarotkarten schon sehr viele Bücher und mancher wird sich fragen, warum es denn dieses spezielle Begleitbuch noch sein muss. Ich möchte es Ihnen erklären: Es reicht nicht, nur die Bedeutungen auswendig zu lernen. Es soll aus den Karten *gelesen* werden – aus den Farben, der Gestaltung, der Anordnung. Und genau da variieren die Kartendecks. So werden Sie beispielsweise mit den Motivanalysen aus meinem Rider-Waite-Tarotbuch nichts anfangen können, wenn Sie die Karten von Isabel vor sich liegen haben – und umgekehrt genauso. Haben Sie sich allerdings erst einmal mit den Karten vertraut gemacht, können Sie jedes Legemuster legen und werden es folgerichtig interpretieren, weil Sie gelernt haben, aus dem Kartendeck, welches in Ihren Händen liegt, *zu lesen* .

9

Wenn Sie bereit sind, sich mit den Motivanalysen zu beschäftigen, wird es kein Kartendeck auf der Welt geben, welches Sie nicht deuten könnten. Doch wollen wir soweit heute nicht gehen, sondern uns erst einmal den wunderschönen Motiven des Tarotdecks von Isabel Krsnic widmen, welche ich Ihnen mit diesem Begleitbuch näher bringen möchte.

Bitte bedenken Sie, dass dieses Begleitbuch wirklich nur dazu gedacht ist, Ihnen diese speziellen Zeichnungen des Tarot vorzustellen und einen kurzen Einblick in die Bedeutung der Karten zu gewähren; allumfassende Informationen zu den Tarotkarten und den vielen Legemustern bieten bereits viele veröffentlichte Bücher und sind auch im Internet zum Teil kostenlos zu finden.

Viel Freude beim Lesen & Studieren
wünscht Ihnen

*Ihre Jutta*

## ZU DEN KARTEN INSGESAMT

Das Tarotdeck setzt sich aus 78 Karten zusammen, die wiederum in zwei große Bereiche unterteilt werden: die große und die kleine Arkana.

Die große Arkana besteht aus 22 Trumpfkarten, die kleine Arkana wird in vier Sätze mit je 14 Karten unterteilt: Stäbe, Schwerter, Kelche, Münzen.

Alle Karten stelle ich Ihnen im Laufe der folgenden Seiten vor. Sie werden aber nicht nur die Bedeutungen der Karten erfahren, sondern auch lernen, aus den Motiven zu lesen, damit Ihnen bei jeder Legung sofort ins Gedächtnis gerufen wird, worum es bei der Karte geht.

Jeder Satz der kleinen Arkana setzt sich aus 14 Karten zusammen, durchgezählt von 2 bis 10, weiterhin Ass, Bube, Ritter, Königin und König.

- Das Ass repräsentiert das Thema,
- mit der *Zwei* werden Vor- und Nachteile abgeschätzt,
- die *Drei* liefern erste Einsichten,
- die *Vier* versuchen auf das zu verweisen, was Halt gibt,
- die *Fünf* symbolisieren eventuell auftretende Hürden,
- die *Sechs* zeigen den Weg, wie man (doch noch) zum Ziel kommt,
- die *Sieben* erläutern, wie man mit dem, was man erreicht hat, umgeht, worauf zu achten ist.
- Die *Acht* motivieren zum Weitermachen, damit durch

11

✎ die *Neun* vollbracht werden kann, was einst anvisiert war, sodass mit

✎ der *Zehn* einer Reihe der Übertritt in einen neuen Abschnitt ermöglicht wird.

**Die Karten der Stäbe**
werden dem Element Feuer zugeordnet. Es geht um den eigenen Einsatz, das fleißige Dasein, aber auch um Intuition und neben der körperlichen auch um die geistige Stärke.
Die Personenkarten dieser Reihe vertreten die *normalen Schichten*: Angestellte, Arbeiter, Handwerker.

**Die Karten der Schwerter**
werden dem Element Luft zugeordnet. Auf ihrer Ebene geht es häufig um Wut, Streitigkeiten, auch sinnloses Zerstören.
Die Personenkarten dieser Reihe vertreten herablassende, selbstgefällige, hochmütige und verschlossene bis abweisende Menschen.

**Die Karten der Münzen**
werden dem Element Erde zugeordnet. Sie repräsentieren vorwiegend die materielle Welt, das Sichtbare, was häufig vom Unsichtbaren eingeschlossen oder aus ihm erschaffen wird, denn die Ecken des Fünfsterns stehen für die vier Elemente und das Bewusstwerden.
Die Personenkarten dieser Reihe repräsentieren vorwiegend Menschen, die mit Geld oder materiellen Dingen zu tun haben (z.B. Handel, Bank, Geldinstitutionen). Sie sind eher praktisch veranlagt und um existentielle Sicherheit bemüht.

**Die Karten der Kelche**
werden dem Element Wasser zugeordnet. Auf dieser Ebene geht es um das Befriedigen der Sehnsüchte, um Geben und Nehmen.
Die Personenkarten dieser Reihe repräsentieren kluge, sensitive, gefühlsbetonte Menschen, auch Künstler, Kirchendiener, Heiler.

12

Bube, Ritter, Königin und König werden als *Hofkarten* bezeichnet. Während der Bube für eine Chance steht (aber meiner Erfahrung nach auch für eine junge Person (m/w, dazu später mehr), symbolisiert der Ritter vorwiegend die Stimmung innerhalb einer Situation oder in Beziehungen (gleichwohl kann auch er meiner Erfahrung nach für einen jungen Menschen, m/w, stehen).

Die Königin und der König repräsentieren den jeweils femininen oder maskulinen Part eines Elements, sie können aber auch wechselseitig stehen: so kann beispielsweise eine Fragestellerin durchaus durch den König dargestellt werden und umgekehrt.

# DIE QUINTESSENZ

Wenn Sie zu einer Frage ein Legemuster ausgelegt und dieses interpretiert haben, können Sie mit Hilfe der Quintessenz abschließend noch einen wertvollen Hinweis erhalten. Hierzu werden die Werte der Karten addiert und aus deren Quersumme die Quintessenz gebildet.

Die Werte der einzelnen Karten:

**Große Arkana**
Der Narr = 0 (bzw. 22)
Der Magier = 1
Die Hohepriesterin = 2
Die Herrscherin = 3
Der Herrscher = 4
Der Hierophant = 5
Die Liebenden = 6
Der Wagen = 7
Die Gerechtigkeit = 8
Der Eremit = 9
Das Rad des Schicksals = 10
Die Kraft = 11
Der Gehängte = 12
Der Tod = 13
Die Mäßigkeit = 14
Der Teufel = 15
Der Turm = 16
Der Stern = 17
Der Mond = 18
Die Sonne = 19
Das Gericht = 20
Die Welt = 21

**Kleine Arkana**
Ass = 1
Bube = 0
Ritter = 0
Königin = 0
König = 0

Die übrigen Karten der kleinen Arkana haben den Wert entsprechend der Anzahl ihrer abgebildeten Symbole (von Zwei bis Zehn).

Die Summe der Karten aus einer Legung werden also addiert und deren Quersumme dann solange gezogen, bis ein Wert von **maximal** 22 erreicht ist. In dem Fall wäre es der Narr, auch wenn er ursprünglich den Kartenwert 0 hat. Bei der Quintessenz fällt ihm der Wert 22 zu.

*Anmerkung:*
Der Narr hat die Null erhalten für den Neuanfang, bei Null fängt alles an. Die 22 schließt den Kreislauf nach der Welt (Wert: 21) und wird deshalb dem Narr **nur** in der Quintessenz zugeordnet.

**Die Quintessenz wird ausschließlich über die große Arkana gebildet.**

Beispiele:
Quersumme = 19 ... erster Hinweis folgt über *Die Sonne*, der zweite Hinweis über (1 + 9 = 10) das *Rad des Schicksals* und in dem Fall sogar ein dritter Hinweis über (1 + 0 = 1) den *Magier*.

Quersumme = 25 .... weiter zusammenfassen (weil es keine 25 gibt) auf (2 + 5 =) 7 = Der Wagen.

# Die große Arkana

*Der Narr* fühlt sich als der Größte – und so wird er auch dargestellt: er scheint die Berge zu überragen, kein Hindernis ist ihm zu groß, es gibt nichts auf seinem Weg, was ihn aufhalten könnte. Verspielt plätschert er mit den Füßen im Wasser, während seine Augen neugierig das Terrain taxieren, wo eine weitere Möglichkeit liegen könnte, etwas Neues zu entdecken, auszuprobieren oder zu erfahren. Er vertraut auf die Leidenschaft des Lebens (Farbe Rot seines geschulterten Oberteils) mit all seinen guten wie schlechten Erfahrungen und macht sich seinen Instinkt zueigen (symbolisiert durch den weißen Hund), auch in scheinbar ausweglosen Situationen noch eine Lösung zu finden. Auch hilft ihm sein Instinkt, stets ein ausgewogenes Verhältnis zwischen männlichem (rot, Oberteil) und weiblichem (blau, Hose) Prinzip herzustellen.

Lebenslust pur, Neugierde, Verspieltheit, Unbekümmertheit. Er lässt das innere Kind nach außen drängen, um so dem Erwachsenen wieder zu lehren, mehr Leichtigkeit an den Tag zu legen, das Leben ein wenig mehr von der lockeren Seite zu sehen, auch in schweren Zeiten nicht zu vergessen, sich durch Spiel, Spaß und gute Laune helle Momente ins düstere Gedankenfeld zu holen. Er steht für einen Neubeginn, ganz gleich, nach welchem Thema gefragt wird. Doch nur weitere Karten verraten, ob dieser Neubeginn erfolgreich und von Dauer sein wird oder es sich nur um ein kurzes Gastspiel handelt. In seinen Wesenszügen hält der Narr mit seinen Bemerkungen nicht hinterm Berg, er ist frei, ungezwungen, auch manchmal ein wenig leichtsinnig, naiv, eine gewisse Ernsthaftigkeit ist bei ihm nicht auf Anhieb zu erkennen. Ob er seine Träume lebt oder sich nur in ihnen verfängt, auch darüber geben weitere Karten Auskunft.
Gesundheitlich: Blutdruck, Kreislauf. Herz.

*Der gute Rat:*
Vermeiden Sie Abhängigkeiten, die Ihr wahres Ich unterdrücken.

**Quintessenz**
Mit dem Wert 22 geht es richtig rund und u. U. gerät noch einiges mehr durcheinander. Doch ist dieses Durcheinander scheinbar vonnöten, damit aus dem Tohuwabohu von gestern ein aufgeräumtes Feld von morgen errichtet werden kann (Der Herrscher, 2 + 2 = 4).

19

*Der Magier* – von Isabel als Frau gezeichnet – ist umgeben von den Symbolen der kleinen Arkana: Schwert, Stab, Kelch und Münze scheinen wie im Wirbel um sie herumzutanzen und zeigen, mit welch spielerischer Leichtigkeit sie mit den Qualitäten jeder Reihe umzugehen weiß, wenn sie gefordert wird. Ihre Körperhaltung verrät, dass sie ganz genau um ihre Möglichkeiten und Fähigkeiten weiß und auch darum, diese machtvoll einzusetzen, wenn und wann es ihr gefällt. Ob das Weiß ihrer Kleidung allerdings ihre angebliche Unschuld beteuern wird, wenn es schief gegangen ist, bleibt fraglich. Der blaue Hintergrund verweist auf das weibliche Prinzip und hier insbesondere auf den Tiefgang der inneren Kraft, vereint mit dem Wissen um die Möglichkeiten der irdischen wie geistigen Welt, die sie sich zueigen machen kann.

Nicht unüberlegt in seinen Handlungen, kalkuliert genau, überlässt nichts dem Zufall. Er weiß zu überzeugen und nutzt die ihm gegebenen Möglichkeiten, um seine Ziele zu erreichen. Er macht aus Träumen Wirklichkeit. Nichts ist zu schwierig und nichts unmöglich. Mit dem Magier gilt es eine Einheit zu finden, die Waagschalen von Geben und Nehmen auf einen Level zu bringen. Doch worum geht es? Ist es das Ziel selbst oder um der Welt zu zeigen, dass man der Größte ist? So kann aus einem Zauber schnell ein fauler Zauber werden und der angehimmelte Andere schnell zu jemanden, der lediglich darin brilliert, andere um den Finger zu wickeln, aber ansonsten nicht viel zu bieten hat. In seinen Wesenszügen fühlt sich der Magier machtvoll und nutzt es aus, wenn es gilt, seine eigenen Interessen durchzusetzen. Kreativ und erfinderisch. Gesundheitlich: Atmungssystem.

*Der gute Rat:*
Nutzen Sie Ihre Ideen, doch bleiben Sie bei der Wahrheit.

**Quintessenz**
Mit dem Wert 1 kann unter Einbezug der Qualitäten der vier Reihen alles gelingen, wenn der Fragende bereit ist, sich diese zueigen zu machen und darauf zu vertrauen, es zu schaffen. Wo ein Wille – da ein Weg! Der Magier macht diesen Weg frei.

20

*Die Hohepriesterin* sitzt zwischen den Säulen Boas und Jachin (Festigkeit Gottes), hält schützend ihre Hand auf der Tora als Zeichen ihrer Verbindung zum Göttlichen wie auch Spirituellen. Die Anhäufung violetter Farbschattierungen verweist deutlich auf ihre hohe Intuition. Die Hohepriesterin ist die Karte des Verborgenen, des noch nicht Spruchreifen. Mit ihr muss auch nicht alles aus- und angesprochen werden, vielmehr fordert sie den Ratsuchenden auf, sich auf eine innere Reise zu begeben und in sich nach Antworten zu suchen, statt sie im Außen herbeizudiskutieren. Als Karte des Verborgenen kann sie auch Hinweise auf beispielsweise versteckte Krankheiten, einen geheimen Verehrer oder noch nicht bemerkte Schwangerschaft geben. Sie ist Repräsentant der Spiritualität.

Sie weist jedwede Hektik, Unruhe und Ungeduld von sich. Sie beharrt auf die Ruhe – im Außen wie im Innen. Sie weiß, dass Antworten auf Fragen häufig schon in einem selbst zu finden sind, der Ratsuchende nur noch nicht den Mut hat, sich diesen Antworten zu stellen, um seiner Eigenverantwortung möglicherweise aus dem Weg zu gehen und andere späterhin für Entscheidungen verantwortlich zu machen. Es ist die Karte der klugen Gedanken und weisen Entscheidungen, es geht um Geduld und Vertrauen, im richtigen Moment die passenden Worte, die brillante Idee parat zu haben und situationsgemäß aktiv werden zu können. Sie ermahnt zu mehr Verständnis füreinander. In ihren Wesenszügen ist die Hohepriesterin geduldig und genügsam, spirituell, religiös, fühlt sich u. U. mit dem Göttlichen verbunden oder hat evtl. ihr Leben in den Dienst der Kirche gestellt. Sie bringt das Vertrauen und Verwahren von Geheimnissen, aber manchmal steigt ihr ihr Wissen auch ein wenig zu Kopf und sie wirkt besserwisserisch, fühlt sich anderen überlegen. Gesundheitlich: Schwangerschaft, Geschlechtsorgane, Magen/Darm.

*Der gute Rat:*
Treffen Sie Ihre eigenen Entscheidungen, hören Sie auf Ihr Bauchgefühl.

**Quintessenz:**
Mit dem Wert 2 sollte man den Kampf gegen die innere Stimme aufgeben, denn letzten Endes wird sie einem sagen, wann – was – wo zu tun ist.

21

*Die Herrscherin* sitzt lächelnd auf Felsen, die den Fluss des Lebens säumen, das Zeichen der Fruchtbarkeit (Venus) trägt sie um ihren Hals und unterstreicht damit neben ihrer Haltung ihre Sinnlichkeit wie auch Verführbarkeit, die Verlockungen des Lebens. Ihr Platz inmitten der Natur verweist auf die Natürlichkeit, die nicht gestört werden soll, so wie auch der Fluss des Lebens in seinem Fließen nicht unterbrochen werden soll, um bringen zu können, worauf man hofft, um geschehen zu lassen, was geschehen muss. Sie ist Repräsentant aller weiblichen Rollen, die mit einer Frau in Verbindung gebracht werden können: Ehefrau, Mutter, Geliebte oder die Versuchung an sich, dabei immer begleitet von einem Hauch Macht – mal zeigt sie diese offen, mal deutet sie sie nur an.

Sie verdeutlicht den natürlichen Lauf der Dinge. Der Mensch kann hier nicht Schicksal spielen und sollte tunlichst gewarnt werden, mit Gewalt etwas herbeiführen oder beeinflussen zu wollen, nur um jetzt zu bekommen, was er will – am Ende würde er mit Verlusten dastehen. Karte der Weiblichkeit und Sinnlichkeit, Verführung und Fruchtbarkeit, aber auch die Karte, die anzeigt, dass man für seine Bemühungen belohnt wird. Trotz aller positiven Eigenschaften ermahnt sie, nicht zu habgierig zu werden oder vor lauter Lebens- wie Sinnesfreuden den Bezug zur Realität zu verlieren. Bestehende Verbindungen werden formvollendet oder neue Beziehungen eingegangen, im ärgsten Fall kann sie auch die Verführung repräsentieren. In ihren Wesenszügen ist sie sexuell interessiert, kreativ, künstlerisch begabt, kann auf der Reise ihres Erfolges aber auch dazu verfallen, das Maß der Freuden zu überschreiten.
Gesundheitlich: Schwangerschaft/Geburt, i.V.m. negativen Karten (Tod, Teufel) auch Hinweis auf Missbrauch von z.B. Alkohol, Drogen etc.

**Der gute Rat:**
Lernen Sie zu genießen, Mangel herrscht da, wo man auf ihn schaut.

**Quintessenz:**
Mit dem Wert 3 dürfen Sie dem Fluss des Lebens, dem natürlichen Gang der Dinge, vertrauen. Lassen Sie geschehen, was geschehen muss. Am Schluss wird die Lösung sein, wie Sie Ihnen am besten dienlich ist, auch wenn die derzeitige Situation dieses zweifelnd in Frage stellen mag.

22

*Der Herrscher* hält in seiner Hand einen Reichsapfel, welcher die Erde verkörpert und dem Herrscher seine Position und ihm zugesprochene Macht in die Hand legt. Von ihm wird verlangt, weder zu schaden noch zu beschönigen, er vertritt die Realität und weiß, dass niemand im Leben nur unschuldig (weiße Hose) sein kann, als dass nicht auch irgendwo Spuren des Lebens mit all seinen negativen wie positiven Eigenschaften (rotes Gewand) zu finden wären. Er steht zwischen zwei Säulen, seine linke Hand am Schwert, welches er von sich hält, er hier nicht mit Gewalt ein Urteil fällen möchte, dafür prüfend abwägt, wie ein Gleichgewicht hergestellt werden kann, weil das irdische Dasein einer gewissen Struktur und Ordnung unterliegen muss. Er repräsentiert die männlichen Rollen wie Ehemann, Vater, Geliebter, auch ihm wird eine gewisse Macht zugeordnet.

Er ermahnt an das Gleichgewicht im Leben, an Freuden ebenso wie an Begrenzungen, erinnert an Beständigkeit und Kontinuität. Er verweist, dass „gut Ding will Weile haben" und Wankelmütigkeit einem gefestigten Vorgehen weichen muss. Er erinnert, dass alles auf einen zurückkommt und ermahnt zu Aufrichtigkeit und Gesetzestreue. In Verbindungen geht es um das Prüfen, wer das Sagen hat, um die Klärung der eigenen Position und die des anderen. Es ist das feste Fundament, wenn jeder um seine Aufgaben weiß und erfüllt. In seinen Wesenszügen hat er Führungs-qualitäten, kann aber dazu neigen, seine Position zu missbrauchen. Stark, mächtig, grenzt seine Lebensfreuden manchmal zu sehr ein. Seine Ent-scheidungen sind von Vernunft geprägt, doch je nach den weiteren Karten, wird ihm nicht Gehör verschafft, kann er sich nicht durchsetzen.
Gesundheitlich: Alle Schmerzen im Kopfbereich.
Zeitgeschehen: Sommer, an einem warmen / heißen Tag.
Sternzeichen: Widder.

*Der gute Rat:*
Lösen Sie sich aus Ihrer Opferrolle und machen Sie andere nicht zu Opfern.

**Quintessenz:**
Mit dem Wert 4 ist es nicht an der Zeit für fantasievolles Gebärden, sondern Zeit, sich der Situation mit Vernunft zu stellen, doch muss man es auch nicht schlimmer machen als es ist.

23

*Der Hierophant* hält den dreifach gekreuzten Stab, vor ihm liegen übereinander zwei Schlüssel. Die Schlüssel stehen für Jesus Christus auf der Erde und die drei Kreuze vereinen die obere Welt (Himmel) mit der Erde und der unteren Welt ebenso wie auch Körper, Geist und Seele. Der Hierophant ist eine begriffsstarke Karte für das Thema der Spiritualität, aber auch der göttlichen Zuwendung, zumindest aber den Glauben an ihn. Insofern ist die Farbe Violett treffend gewählt, da über die violette Flamme die Verbindung zu Gott hergestellt werden kann.

Er erinnert, dass das Eine nicht ohne das Andere sein kann und ermahnt, sich nicht nur auf Eines zu konzentrieren, wenn es noch so viel mehr gibt. Er stärkt das Vertrauen, dass es eine Lösung gibt und man sie erkennt in dem Moment, in welchem man sich vertrauensvoll öffnet für all das, was Himmel – Erde – Unterwelt oder Körper – Geist – Seele *dazwischen* noch zu bieten haben. Er steht für geistige Wissenschaften, u.U. auch Sekten, die Suche nach dem Sinn in Geschehnissen oder allgemein des Lebens, fordert auf, seinen selbst begrenzten (auch gedanklichen) Rahmen zu verlassen und für sein Dasein einzustehen, nicht andere verantwortlich zu machen. Er bringt die feste Verbindung (auch Heirat) und lässt Beziehungen gedeihen. In seinen Wesenszügen ist er gebildet, ggf. religiös, auf Gott vertrauend, spirituell. Ob er nach seinen eigenen Prinzipien lebt oder sich denen anderer unterordnet und seine Verantwortung für sich aufgegeben hat, erläutern weitere Karten.
Gesundheitlich: Schilddrüse.
Zeit: Herbstmonate.
Sternzeichen: Stier.

*Der gute Rat:*
Haben Sie Vertrauen! Es wird sich alles regeln, wenn es an der Zeit ist.

**Quintessenz:**
Mit dem Wert 5 wird man jetzt noch nicht begreifen können, warum gerade etwas ist wie es ist. Die Zeit wird dieses Verständnis reifen lassen und es kommt der Moment des *Aha-Effektes!*, ohne dass man diesen jetzt suchen sollte.

24

*Die Liebenden* repräsentieren die Entscheidung und ihre Motivanalyse zeigt, dass es auf den ersten Blick nicht immer im Außen stimmig sein mag: so wie das Dunkel der Nacht von hellen Streifen am Horizont durchzogen wird, die Farbe Rot die positiven wie auch negativen Emotionen vertritt, sich Frau und Mann gefunden haben, so geht es häufig um das Gegensätzliche und darum, seinem Herzen einen Stoß zu geben, anstatt nur auf Verstandesebene zu handeln. Der Engel mit seinen weißen Flügeln und dem weißen Pfeil (Unschuld, Reinheit) sowie dem goldenen Bogen (Göttliche) erteilt dem Geschehen den himmlischen Segen und das Wohlwollen der geistigen Welt.

Sie entscheiden aus Liebe. Es muss dabei nicht um die Liebe zu einem Menschen gehen, sondern vor allen Dingen um Entscheidungen, seinem Gefühl zu folgen, statt dem rationalen Verstand. Auch wenn diese Entscheidung nicht die Beste ist, weil es nicht ganz dem Erträumten entspricht. Die Liebenden verkörpern Leidenschaft, Sexualität und Romantik ebenso wie die Schönheit des Lebens und versprechen, dass sich etwas zum Guten wendet, sofern man den Bezug zur Realität nicht verliert. Sie versinnbildlichen das Zugehörigkeitsgefühl und lassen andere sein, wie sie sind und denken, wie es ihrer Kultur, ihrem Ansinnen entspricht. So wie Schwarz und Weiß auf der Karte ineinander verschmelzen, so lassen die Liebenden es zu, auch zusammenkommen zu lassen, was nicht immer sofort akzeptiert wird. In ihren Wesenszügen sind sie liebevoll, leidenschaftlich, verständnisvoll; mit negativen Karten können sie auch auf einen Trauerprozess verweisen.
Gesundheitlich: Sinnesorgane.
Zeit: Zwischen Frühjahr und Sommer.
Sternzeichen: Zwilling.

**Der gute Rat:**
Verschließen Sie sich nicht vor der Süße des Lebens und akzeptieren Sie auch das, was Ihnen bisher nicht entsprochen hat.

**Quintessenz:**
Mit dem Wert 6 hören Sie bitte einzig auf Ihr Herz. Es ist vielleicht nicht die Erfüllung Ihrer ursprünglichen Träume, doch langfristig einfach das Wertvollste, was Ihnen widerfahren kann.

25

*Der Wagen* symbolisiert die Entschlussfähigkeit und den Sieg, der Triumphator steht aufrecht, sein Brustschild in der Farbe der Hoffnung. Ein weißes und schwarzes Pferd ziehen seinen Wagen, sie repräsentieren mit ihrem starken farblichen Kontrast all die Möglichkeiten, die das Leben bietet. Der Triumphator lenkt seinen Wagen mit sicherem Griff und Geschick, er ist in Bewegung, seine stehende Position erlaubt ihm, den Überblick zu behalten – er sieht und will gesehen werden.

Er verkündet den Aufbruch, bringt den Sieg und die Gewissheit, dass es nichts gibt, was man nicht meistern könnte. Hier ist es der gerade Weg, der einen weiter bringt, und vor allen Dingen die Aktion. Die Zeit des Abwartens sollte vorbei sein! Doch wenn man voranschreitet und versucht, seine Ziele zu verfolgen, sollte man vor lauter Optimismus darauf achten, dass das Gespann einem nicht entgleitet und im resultierenden Egoismus Verletzungen zurückbleiben, die einem späterhin leid tun würden. Nach Personen gefragt, verweist *Der Wagen* darauf, dass sie gebunden oder anderweitig verpflichtet, in irgendeiner Form unfrei sind. Gefragt nach bestehenden Beziehungen oder sonstigen Verbindungen ist es Zeit zum Handeln, Probleme werden gelöst, neue Wege beschritten. In seinen Wesenszügen ist der Triumphator manchmal beruflich selbständig, gebunden, optimistisch, vorauseilend, seine Tatkraft schränkt ihn hingegen auf anderen Ebenen ein: einen guten Zuhörer wird man in ihm eher nicht finden und wer seine Hilfe nicht zu würdigen weiß, muss u.U. sogar damit rechnen, von ihm verstoßen zu werden.
Gesundheitlich: Oberkörper bzw. die zugehörigen Organe.
Zeit: Die kalten Monate.
Sternzeichen: Krebs.

**Der gute Rat:**
Stärken Sie Ihr Selbstbewusstsein und legen Sie los!

**Quintessenz:**
Mit dem Wert 7 gibt es nichts, was den Fragenden noch aufhalten sollte. Er weiß alles, er hat alles – nun sollte er auch alles geben, um zu erreichen, was er erreichen will, solang es niemandem schadet.

26

*Die Gerechtigkeit* wird überwacht vom „Auge der Öffentlichkeit", unter welchem Justitia das Richtschwert in der rechten (die rechte Seite steht in der Kartomantie für das Klären und Bewältigen von Problemen) Hand hält, während sie mit der linken die Waagschalen ins Gleichgewicht bringt, um dem Hin und Her (linke Seite = schwankende Einstellung, schwebendes Verfahren) ein Ende zu bereiten. Wie ernst es ihr ist, für Gerechtigkeit zu sorgen und Dinge zu klären, ist aus ihrer Körperhaltung ersichtlich, den sie deutlich zur rechten Seite gedreht hat und unterstreicht mit ihrem energischen Gesichtsausdruck. Während das Blau/Türkis der Säulen und ansatzweise ihres Kleides auf die Tiefe und damit Ernsthaftigkeit der Entscheidung hinweisen, raten die violetten Schattierungen zur Einsicht und nötigenfalls auch Buße.

Sie vertritt das Auge des Gesetzes oder die Normen von Institutionen, die zu respektieren sind und denen man sich besser nicht widersetzen sollte. Es kann sich um einen Verstoß handeln oder auch um Erfahrungen aus vergangenen Zeiten, die noch ihre Nachwirkungen in der Gegenwart spüren lassen; diese können aber mit einer anderen Betrachtungsweise endgültig ad acta gelegt werden, gerade auch, wenn man seinen eigenen Anteil daran erkennt. Es geht um Wahrheit, Spiritualität, (Eigen-) Verantwortung; vor mangelndem Engagement und Vorurteilen wird gewarnt. Jedwede Beziehungen können nur fruchtbar sein, wenn die Anliegen aller Beteiligten berücksichtigt werden. In ihren Wesenszügen ist sie spirituell, (mental) stark, manchmal rücksichtslos.
Gesundheitlich: Herz, Haltungsapparat.
Zeit: zwischen Frühjahr und Frühsommer.
Sternzeichen: Waage.

**Der gute Rat:**
Stärken Sie Ihren Willen, aber akzeptieren Sie auch die Meinung anderer.

**Quintessenz:**
Mit dem Wert 8 ist es an der Zeit aufzuräumen, um sich aus Situationen und von Personen zu lösen, die einem nicht mehr gut tun. Doch achten Sie darauf, wo noch etwas repariert werden könnte, vor allen Dingen, wenn auch Sie Ihren Anteil zum Scheitern beigetragen haben. Denn wie man in den Wald ruft, so schallt es beizeiten auch wieder heraus.

27

*Der Eremit* nutzt den Rückzug, um Einsichten zu gewinnen, er geht allein seines Weges, weil es seinem eigenen Wunsch entspricht. Sein grauer Umhang möchte ihm zum neutralen Gedankengut verhelfen, die Erkenntnisse aus dem Göttlichen wie Spirituellen (lilafarbener Hintergrund) werden ihm helfen, seine während des Rückzugs gewonnenen neuen Einsichten positiv einzubringen, wenn er aus seiner sich selbst auferlegten Einsamkeit zurückkehrt. Dieser Rückzug ist meistens nicht von kurzer Dauer. Wenn man die geschichtlichen Ansätze verfolgt, war es zu altgriechischen Zeiten üblich, dass Eremiten weit über einen Monat in absoluter Abgeschiedenheit (meistens in der Wüste) lebten.

*Der Eremit* ermutigt den Ratsuchenden, aus eigenem Entschluss sich aus dem Geschehen zurückzuziehen, die Türen zu verschließen, vielleicht auch allein zu verreisen, um Innenschau zu halten und sich damit auseinander zu setzen, welche Erkenntnisse vergangener wie auch aktueller Zeit für ihn hilfreich wären. Es ist die Karte der Ruhe und Zurückgezogenheit, des spirituellen Wachstums, der weisen Entscheidung, doch darf ein Rückzug zum klugen Überlegen nicht gleichgesetzt werden mit dem Drücken vor Entscheidungen oder sich stillschweigend aus einer Affäre zu ziehen. Er erinnert daran, sich auf keinerlei Kontakte oder Geschäfte einzulassen, die seinem Ansinnen nicht entsprechen, und verdeutlicht, dass Partnerschaften nur funktionieren, wenn sich beide einen gewissen Freiraum gewähren.
Gesundheitlich: Gedärm.
Zeit: Spätsommer und Herbst, längerer Zeitabschnitt.
Sternzeichen: Jungfrau.

*Der gute Rat:*
Überdenken Sie alles in Ruhe, doch verfallen Sie nicht in soziale Isolation.

**Quintessenz:**
Mit dem Wert 9 ist ein bereitwilliges Zurückziehen hilfreich, um in Ruhe über die Angelegenheit nachzudenken, ohne sich durch die Meinungen anderer beeinflussen zu lassen. Treffen Sie dann Ihre Entscheidung aus Ihren neu gewonnenen Einsichten heraus.

*Das Rad des Schicksals* vertritt alle Qualitäten der vier Elemente und auch die vier Jahreszeiten, es hat keinen Anfang und kein Ende und scheint nicht zum Stillstand zu kommen, seine Bewegung wird durch die akrobatischen Übungen der Beteiligten aufrechterhalten, während ein Engel missmutig auf das Geschehen herunterschaut, weiß die himmlische Gestalt doch längst, dass es an der Zeit ist, das Rad zum Stoppen zu bringen, während ein Löwe müde davor liegt, obwohl gerade er die nötige Kraft repräsentiert, um dem Dunklen (Hintergrund) zu entkommen, welches einem die Kraft raubt.

Es ist die Schicksalskarte schlechthin, auch von vielen als Karma-Karte bezeichnet. Situationen wiederholen sich ständig, man gerät immer wieder an die gleichen Menschen, verfällt ein ums andere Mal denselben Gewohnheiten und fragt sich „Warum passiert mir das immer und immer wieder?". Die Antwort liegt auf der Hand: der Verstand weiß längst, dass man hier nur etwas verändern kann, wenn man seine Kräfte mobilisiert und den Absprung wagt und ehrlich auf sich und die Situation schaut, um zu erkennen, was von einstigen Träumen übrig geblieben ist. Es ist die Karte der Wiederholungen mit der Aufforderung, Lösungen umzusetzen. Je nach eigenem Kraftaufwand kann diese Lösung dann Glück bescheren, wenn man diesem Stillstand entkommen möchte. Eines ist jedoch gewiss: ohne eigenes Handeln wird sich nichts ändern. Es ist Ihre Lebensaufgabe!
Gesundheitlich: Leber.
Zeit: Solang, bis man diesen Abschnitt selbst beendet.

*Der gute Rat:*
Mobilisieren Sie Ihre Kräfte, um dieser Widerwärtigkeit zu entkommen.

**Quintessenz:**
Mit dem Wert 10 gehört die Angelegenheit gelöst, und zwar ohne weiteren Aufschub, ansonsten rollt man immer wieder auf die Schiene derselben Geschehnisse. Mit dem weiteren Wert 1 (Magier) haben Sie sowohl das nötige Wissen wie auch die Kraft, es durchzustehen.

*Die Kraft* zeigt einen Löwen, der sich einer leicht bekleideten Frau unterworfen hat, sogar soweit, dass die Frau eine Hand in sein aufgerissenes Maul legen kann. Die sanften Töne der Erdfarben ebenso wie der konzentrierte Ausdruck der Frau lassen erkennen, dass hier nicht mit den Gedanken abgeschweift werden darf, sondern die Situation Konzentration und Vorsicht erfordert. Die Frau weiß um ihre Kraft, den Löwen zu bändigen, gleichwohl wird sie nicht leichtsinnig, sondern bildet eine Symbiose aus geistiger wie physischer Kraft.

Diese Karte zeigt einmal mehr, dass es oftmals zum Lösen von Problemen nicht der herrschenden körperlichen Gewalt bedarf. Im Gegenteil: So wie hier der Löwe die Frau und die Frau den Löwen am Leben lässt, weil einer um die Kraft des anderen weiß und respektiert, so gelingt es auch, nachgefragte Themen durch Vereinen von geistiger und körperlicher Energie zu lösen. Es geht um Leben und Leben lassen, Selbstvertrauen, um Stolz (besonders nach überwundenen Ängsten) ebenso wie um Leidenschaft und auch, wenn man die Symbiose erfolgreich meistert, um ein neues Lebensgefühl. Jedoch ermahnt die Karte, Stolz nicht mit Übermut gleichzusetzen und fordert auf, das lethargische Dasein aufzugeben. Nachgefragt nach Partnerschaften geht es um Sexualität und Leidenschaft, oftmals auch um eine Affäre, das Ausleben der (Lebens-) Lust für den Moment. Nachgefragt nach anderen Themen motiviert *Die Kraft* zum überlegten wie engagierten Vorgehen.
Gesundheitlich: Psychische und physische Gesundheit, Heilung.
Zeit: Frühsommer/Sommer.
Sternzeichen: Löwe.

*Der gute Rat:*
Vereinen Sie Ihre innere und äußere Kraft, um Ihre Ziele zu erreichen.

**Quintessenz:**
Mit dem Wert 11 kündigt sich durch Vereinigung von geistiger und physischer Kraft und einem selbstbewussten Vorgehen Erfolg an, wenn (Wert 2, Die Hohepriesterin) der inneren Stimme Gehör geschenkt wird, um den richtigen Zeitpunkt des Handelns wahrzunehmen.

*Der Gehängte* hängt mit seinem rechten Bein (zur Erinnerung: Rechts ist die Seite des Bewältigens von Problemen) an einem Kreuz, welches im geschichtlichen Verlauf als Taukreuz bezeichnet wird und ein demütiges Verhalten ebenso repräsentiert wie die Ankündigung der Vollendung. Insofern sollte das Hängen hier nicht als Strafe angesehen, sondern als segensreiche Möglichkeit gewertet werden. Das linke Bein (Links = Seite der nicht klaren Entscheidungen) wurde verschränkt und wertet das Geschehen insgesamt wie folgt: sich von Unklarheiten abwenden, um durch Klarheit neue Einsichten zu gewinnen. Er trägt die Erleuchtung schon in sich (Heiligenschein), doch im Moment ist alles noch zu konfus.

Glaubte man, gestern war noch alles in Ordnung, scheinen alte Muster heute keinen Anklang mehr zu finden und der Aha-Effekt hat sich vorübergehend verabschiedet. Nun: wenn *Der Gehängte* gezogen wird, ist es an der Zeit, neue Gedankenstrukturen zuzulassen und sich bewusst zu machen, dass man hier mit einem Dickkopf nicht weiter kommt, besonders dann nicht, wenn man in diese Situation geraten ist, weil ein anderer einem übel mitgespielt hat. Hier geht es um die innere Weisheit, um kluge Erkenntnisse, manchmal ist auch der Schritt zurück vonnöten, auch wenn es einem innerlich widerstrebt. Doch muss man sich hier klar sein, dass jener Rückwärtsschritt nichts mit der Rolle eines Opfers zu tun hat. Um zwischenmenschliche und / oder berufliche Beziehungen zu harmonisieren, gehört auch die Meinung des anderen zu akzeptieren und Verständnis für seine Anliegen zu gewinnen. Eifersucht ist nicht das Mittel der Wahl.
Gesundheitlich: Nerven, Gefühle.

*Der gute Rat:*
Halten Sie inne, lassen Sie ggf. einem anderen den Vortritt, handeln Sie klug und nicht unüberlegt.

**Quintessenz:**
Mit dem Wert 12 sollten bisherige Gedankengänge überdacht und erneuert werden, um über den Wert 3 (Die Herrscherin) den Fluss des Lebens wieder zu harmonisieren und das Gleichgewicht wieder herzustellen.

31

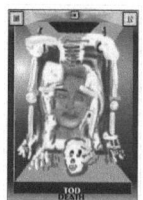

*Der Tod* wird durch ein Skelett dargestellt, in welchem aber noch Leben herrscht, symbolisiert durch das eingezeichnete Gesicht. Links vom Skelett finden sich zarte graue Einzeichnungen, dass man Mut haben sollte, sich auch anderen Möglichkeiten zu öffnen, während rechts das sanfte Blau diesen Mut unterstützt, wenn man sich getraut, die Angelegenheit auch aus einer tieferen Sicht zu betrachten. Während der Schädel nach links schaut (= sich von unklaren Dingen abwenden), schaut das Gesicht nach rechts (= Schwierigkeiten werden überstanden).

*Der Tod* kündigt das Ende eines Zeitabschnitts an, auch das Ende von Beziehungen oder Verträgen und dieses Ende gilt es anzunehmen, denn in diesem Unterfangen gibt es keine Aussicht mehr auf positive Wandlung. Der einzige sinnvolle Schritt ist **heraus** aus der hinterfragten Situation. Es ist die Karte der Veränderung, des Loslassens und Abschiednehmens und erinnert den Fragenden sehr eindrucksvoll daran, nicht zu lange an etwas festzuhalten, um etwas oder jemanden zu kämpfen, wo es – aus welchen Gründen auch immer – keinen Sinn (mehr) macht. Es geht darum, ehrlich zu sich selbst zu sein und zu erkennen, was noch realistisch vorhanden oder übrig geblieben und was einfach nur noch das Abbild von Hoffnung in einem ist, aber letzten Endes damit auch irreal und nicht greifbar.
Gesundheitlich: Urogenitalbereich.
Zeit: Kalte Jahreszeit, Spätherbst und Winter.
Sternzeichen: Skorpion.

*Der gute Rat:*
Schauen Sie der Wahrheit ins Gesicht und lassen Sie los.

**Quintessenz:**
Mit dem Wert 13 ist es an der Zeit, sich aus eingefahrenen Beziehungen zu lösen und aus nicht stimmigen Situationen zu verabschieden. Wer hierbei konsequent und realistisch vorgeht, wird (Wert 4, Der Herrscher) auferweckt in einen neuen Abschnitt eintreten und darf noch einmal von vorne anfangen.

32

*Die Mäßigkeit* zeigt eine Frau in einem weißen (= neu, rein) Kleid im (Lebens-) Fluss stehend, während sie von einem Krug in den anderen Wasser füllt. Das Wasser symbolisiert hier den fließenden Zustand und der in frischen, gedeihenden Farben im Hintergrund befindliche Wald die Verbindung energetischer Manifestationen: grün = Hoffnung, goldgelb = das Göttliche, gelb = die Erkenntnis und zwischen all dem führt ein Weg hindurch. Das ist es, was die Karte symbolisieren möchte: die ausgewogene Verbindung, das richtige Mischverhältnis. So hält die Frau auch einen Krug auf ihrem linken Bein, denn dem übermäßigen Auswuchs eines Verhaltensmusters gehört Einhalt geboten (wird durch Krug unterdrückt).

*Die Mäßigkeit* symbolisiert nicht den gänzlichen Verzicht, sondern schlichtweg das Einhalten angemessenen Verhaltens, es gilt weder zu über- noch zu untertreiben, sondern eine faire Ausgewogenheit herzustellen. Dazu gehört das Tolerieren und Akzeptieren auch Andersdenkender ebenso wie auch das eigene Bemühen um ein harmonisches Miteinander, Überprüfen der eigenen Anpassungsfähigkeit und um das Akzeptieren von Momenten, doch schließt es nicht aus, dass noch andere Möglichkeiten daraus erwachsen können. So kann aus einer jahrelangen Freundschaft beispielsweise zu einem späteren Zeitpunkt eine sehr gefühlvolle Partner- schaft werden. Mit der Mäßigkeit werden auch vertragliche Zusagen bestätigt und Entscheidungen im Sinne aller Beteiligten.
Gesundheitlich: Hüfte, Beine.
Zeit: Wärmere Jahreszeit, Sommer.
Sternzeichen: Schütze.

*Der gute Rat:*
Es muss nicht immer ungestüm zugehen, bleiben Sie zuverlässig und großmütig.

**Quintessenz:**
Mit dem Wert 14 gilt es, ein ausgewogenes Maß zwischen zwei Extremen zu schaffen und ggf. einen Gang zurückzuschalten. Mit dem Wert 5 (Der Hierophant) dürfen Sie sicher sein, eines Tages zu wissen, warum dieses vonnöten war.

33

*Der Teufel* scheint seinen Opfern freien Lauf zu lassen, in Wirklichkeit hat er sie aber in seinen Bann gezogen und die Schatten seines dunklen Umhangs reichen weit hinaus. Er zeigt die extremen Gefühle von grenzenloser Leidenschaft (Frau in Rot) und tiefen Geheimnissen und Einsamkeit (Mann in Violett). Da der Umhang des Teufels selbst nicht eine einheitliche Farbe trägt, darf davon ausgegangen werden, dass er nur im Außen sich perfekt gibt, aber in Wirklichkeit selbst oftmals verwirrt daher kommt. Er hat seine Hände unter den Stoffen verhüllt und zeigt so noch einmal ausdrucksvoll, dass er alles Gute, Reale, Klare ablehnt.

Wer die Karte *Der Teufel* zieht, beißt sich bei seiner Kenntnis häufig auf die Lippen und verfällt ins Schweigen. Es ist die Aufforderung zur Klärung der Frage *Warum?* Warum verhält man sich so, warum kann man nicht nachgeben, warum missbraucht man andere, warum hat man nicht den Mut, genau hinzuschauen, nachzugeben, einzusehen – warum? Es ist die Karte der Versuchung, des Verlangens, doch dürfen sie nicht auf Kosten anderer gestillt werden. Wünsche zu haben und zu äußern ist okay, dafür etwas zu leisten auch, doch in maßloses Verhalten dafür zu verfallen, entspricht nicht dem Sein. Es geht um Erpressen und Manipulieren, Eifersucht und Spielchen, auf die man sich einlässt, obwohl sie einem doch eher widersprechen. Vor geschäftlichen Beziehungen kann hier nur gewarnt werden und auch Partnerschaften sollten ehrlich beleuchtet werden, worum es dabei eigentlich noch geht.
Gesundheitlich: Kiefer, Zähne, Skelett.
Zeit: Spätsommer, Herbst.
Sternzeichen: Steinbock.

*Der gute Rat:*
Klären Sie Ihr „Warum?" und übernehmen Sie Eigenverantwortung.

**Quintessenz:**
Mit dem Wert 15 sollten Sie den Blick bisher verschleierten Angewohnheiten oder Wünschen zuwenden, um deren Unakzeptanz zu erkennen. Öffnen Sie Ihr wahres Herz (Wert 6, Die Liebenden) und entscheiden Sie entsprechend.

*Der Turm* scheint zu zerbersten, die Erde unter ihm zu schlingern und Risse deuten an, dass er den Gewalten der Natur nicht mehr lange wird standhalten können. Die Blitze auf der linken (= Ungleichgewicht) Seite sind noch wesentlich aggressiver, während sie auf der rechten (= Klarheit schaffen) langsam abflachen; der linksseitige Riss ist größer, die Dachkonstruktion wird in einem Feuerschwall nach links weggezogen. Am Himmel ziehen hingegen rechts schon weiße Streifen ins Bild. Insgesamt ist aus der Abbildung erkennbar, dass hier dringend etwas „verlassen" gehört, um künftig wieder sorgloser leben zu können.

*Der Turm* taucht immer dann auf, wenn das Leben durch etwas beschränkt oder eingeengt wird: sei es durch äußere Angelegenheiten, Außenstehende oder selbst auferlegte Bürden. Doch der Turm will und muss gesprengt werden, wenn man aus diesem Trott herauskommen und endlich wieder glücklich(er) sein möchte. Das Weiß auf der Karte schöpft Vertrauen, dass es danach nur besser werden kann. Auch kündigt der Turm das Zerstören an, Streitigkeiten, die zum Bruch führen können, manchmal auch die Katastrophe ebenso wie Hoffnungen, die nicht erfüllbar sind. Es gilt zu erkennen, wie es tatsächlich ist und nicht, wie man es gerne hätte. Gesundheitlich: Geschlechtsorgane, körperlicher / nervlicher Zerfall.

*Der gute Rat:*
Halten Sie nicht länger fest, lösen Sie sich aus der Erstarrung, durchleben Sie den Schmerz – es kann danach nur besser werden!

**Quintessenz:**
Mit dem Wert 16 wird angekündigt, dass der Rahmen einfach zu eng geworden ist und dringend aufgelöst gehört, damit sich Schritt für Schritt wieder das Wohlgefühl einstellen kann. Doch mit dem Wert 7 (Der Wagen) ist dieser Schritt zum Ausbruch von Ihnen selbst notwendig. Legen Sie los!

35

*Der Stern* zeigt den wertvollen Gehalt, den man sich zueigen machen kann: ein Stern leuchtet in mehreren Dimensionen und ist umgeben von weiteren Sternen, er zieht den Blick magisch an, obwohl auch eine wunderschöne Frau nackt (= Reinheit) abgebildet ist. Ihr Spiegelbild zeigt sich unverzerrt im klaren blauen (= Himmlische) Wasser (= Fließende), während sie selbst auf kräftiger, zur Urbarmachung geeigneter Erde (= Irdische) hockt. Sie ist vom natürlichen Wohlstand umgeben.

*Der Stern* gilt als Glückskarte, denn sie schenkt Mut und Glauben, dass man reicher belohnt wird, als man zu hoffen gewagt hat. Es geht um das realistische, auch langfristige Planen, welches Träume erfüllen kann. Schmerzvolle Erinnerungen werden dem Heilungsprozess unterzogen, wenn man bereit ist die Augen zu öffnen, um all das Wunderbare um einen herum zu erkennen. Ehrlichkeit, spirituelle Fähigkeiten, Gottvertrauen, Hoffnung, Wahrwerden – all das sind Interpretationen dieser Karte, doch ermahnt sie auch, nicht nur *zu tun als ob* und absolut irrealistischen Gedanken zu verfallen. Gefragt nach Personen oder Beziehungen darf von einem ehrlichen Miteinander ausgegangen werden, erfolgreichen Unternehmungen steht nichts im Weg.
Gesundheitlich: Schlaf, manchmal auch knöcherne Verletzungen.
Zeit: Frühjahr bis Frühsommer.
Sternzeichen: Wassermann.

*Der gute Rat:*
Leuchtet der Stern auch klar und machtvoll, so wird er nur wertvoll sein, wenn Sie selbst das Land urbar machen, auf welchem Sie schreiten.

**Quintessenz:**
Mit dem Wert 17 sollten Sie Ihren Blick ausdehnen und erkennen, welch wertvolle Chancen Sie umgeben, doch vergessen Sie nicht, dass Sie stets nur das ernten, was Sie einst ausgesät haben (Wert 8, Die Gerechtigkeit). Wer Gutes leistet, wird Gutes empfangen; wer Schlechtes verbreitet, wird von Schlechtem heimgesucht.

36

*Der Mond* wirkt auf viele Menschen immer irgendwie bedrohlich und auch die Tiere werden durch sein vollendetes Präsentieren scheinbar verwirrt, sie heulen ihn an, verkünden ihre Angst, während das Heulen ihnen gleichzeitig das Gefühl gibt, die innere Unruhe vertreiben zu können. Ein Meerestier möchte gerne zwischen Hund und Schakal hindurch krabbeln, denn der weiße Weg zur Klarheit liegt vor ihm, doch anstatt die Angst der Vierbeiner zu nutzen, deren Aufmerksamkeit ganz auf den Mond gerichtet ist, ist seine eigene Aufmerksamkeit auf Hund und Schakal gerichtet und seine Angst von ihnen getötet zu werden – letzten Endes kommt keiner von ihnen weiter, denn ihre Angst lässt sie auf der Stelle verharren.

Es mag etwas zurzeit nicht einfach sein, die Erfahrungen der Vergangenheit mögen in einem viel Angst freigesetzt haben – doch letzten Endes ist die Angst der größte Feind und nur der Ratsuchende kann diesen Feind in sich besiegen. Es geht ums Überwinden von Hemmungen, dem Loslösen aus erstarrten Haltungen, dem vorsichtigen Annähern an den (Angst-) Feind, ohne sich dabei zu überfordern und mit Gewalt zu versuchen, sich selbst zu überlisten. Wer in sich spürt, dass etwas nicht mehr in Ordnung ist und schon das Gefühl hat, etwas geht zu Ende, sollte sich diesem Gefühl behutsam öffnen und zulassen.
Gesundheitlich: Atmung. Füße.
Zeit: Kalter Tag, kalter Monat. Abend-/Morgendämmerung.
Sternzeichen: Fische.

*Der gute Rat:*
Akzeptieren Sie das Gefühl der Wahrheit und lösen sich behutsam aus der angstvollen Erstarrung.

**Quintessenz:**
Mit dem Wert 18 sollte man sich nicht mehr von Äußerlichkeiten ablenken lassen, sondern vorsichtig seinen Weg aus der Erstarrung hinaus gehen; nutzen Sie dafür eine Zeit des Rückzugs (Wert 9, Der Eremit), um in aller Ruhe den Weg zu finden, der Ihnen wirklich weiter hilft.

37

*Die Sonne* ist eine so wunderschöne wie friedvolle Karte. Zwei Kinder (= Unschuld, Reinheit) spielen friedlich vor einer Mauer, hinter welcher ein Baum aufragt und somit den reichen Wachstum repräsentiert, während die Sonne selbst mit friedlich eingezeichneter Mimik auf das Geschehen herunterschaut. Die Kinder sind frei von allen Sorgen, in ihren Gesichtern spiegelt sich die Freude am Dasein wider.

Mit der Sonne ist es an der Zeit, sich von dem Bewusstsein eines lebensfrohen und sorglosen Zeitabschnitts anstecken zu lassen, all die gemachten Erfahrungen zu nutzen, um das Innere mit dem Äußeren zu verbinden und in dem Wissen zu leben, alles im Leben schaffen zu können. Klare Kommunikation, offenes und ehrliches Miteinander, Erfolg, Freude am Leben, positive Veränderung, Glück bringende Geschehnisse – all das sind nur wenige Merkmale dieser wunderschönen Karte, wenn der Fragende sich seinen Erfahrungen zuwendet und nicht aus Bequemlichkeit heraus vergisst, dass er die Werte dieser Karte nur dann erreicht, wenn er seinen Anteil dazu beiträgt. Es ist weiterhin die Karte des Neubeginns (im Gegensatz zum Tod!), denn mit der Sonne ist nicht nur der allgemein gültige Neubeginn möglich, sondern auch der neue Versuch mit dem ehemaligen Partner und auch auf anderen Ebenen.
Gesundheitlich: Gesund, Heilung.

*Der gute Rat:*
Leben Sie die Leichtigkeit, doch geraten Sie nicht in (Selbst-) Überschätzung.

**Quintessenz:**
Mit dem Wert 19 spendet die Sonne alle Kraft und gibt Anstoß, mit Freude sich dem hinterfragten Thema zuzuwenden, zumal mit dem Wert 10 (Rad des Schicksals) nunmehr auch bisher widrige und / oder wiederkehrende Belastungen beigelegt werden können, da mit dem Wert 1 (Der Magier) letzten Endes auch die notwendige Unterstützung in Form von Wissen und Tatkraft in Ihnen präsent ist.

38

*Das Gericht,* dessen Namensgebung im ersten Moment an Urteil und Verurteilung denken lässt, ist in seiner wahren Natur die Karte der absoluten Erlösung. Über das Gesamtgeschehen wacht Gott, der einen Engel gesandt hat, die Menschheit zu erlösen. Selbige sind dabei, sich aus ihren Gräbern zu erheben, die sie viel zu lange haben unbeweglich im Dasein liegen lassen. Manch einer hat sich durch eigene Sturheit, manch anderer durch das ohnmächtige Gefühl, anderen ausgeliefert zu sein, in diese Phase der Erstarrung begeben – doch nun darf auferstanden werden, um sich einem Neuanfang zuzuwenden. Eine der Gestalten erhebt sogar schon ihren Arm gen Himmel, um darauf zu verweisen, dass die Antworten nicht nur im Irdischen, sondern durchaus auch im Göttlichen vorhanden sein können.

Es ist vorbei, es ist geschafft, was immer hier beunruhigt hat, es ist vorüber, die Erlösung ist da, die in Form von auch selbst herbeigeführten Veränderungen vollendet werden kann. Es ist allerdings darauf zu achten, nicht überstürzt zu handeln, sondern sich mit der neuen Situation vertraut zu machen. Durchaus kann für diesen Prozess es auch erforderlich sein, dass nochmals alte Geschehnisse oder Begegnungen mit Personen aus der Vergangenheit vonnöten sind, um einen wirklichen Schlussstrich ziehen zu können. Es gilt, das Ende der vergangenen Zeit zu bejahen und einer Wandlung zuzustimmen, selbst die Fäden in die Hand zu nehmen, anstatt nur zu warten, dass andere es für einen tun. Alles, was unter dem erlösenden Gedanken des Neubeginns angefangen wird, ist Erfolg versprechend, auch der Beginn einer Beziehung mit einem Ex-Partner. Probleme können gelöst werden, schwierige Zeiten gehen vorbei. Gesundheitlich: Rückenmuskulatur, manchmal das Herz.

*Der gute Rat:*
Stehen Sie auf, nutzen Sie Ihre schöpferischen Qualitäten, bejahen Sie das Neue!

**Quintessenz:**
Mit dem Wert 20 werden Probleme gelöst, woran man schon nicht mehr glaubte, manifestiert sich neu; doch überstürzen Sie nichts, denn mit dem Wert 2 (Die Hohepriesterin) werden Sie intuitiv spüren, wann es Zeit zum Handeln ist.

*Die Welt* zeigt vordergründig eine Frau, die ihre innere wie äußere Stärke durch ihren Gesamtausdruck kund gibt, steht gerade da, die Hände auf gleicher an den Körper gelegt, hat das Hin und Her (links) also in einen ausgewogenen Rhythmus zum Überwinden von Problemen (rechts) gebracht und lässt durch den abgebildeten Engel, den Tieren der Lüfte wie auch der Erde gleichzeitig mit dem strahlenden Weiß verkünden, dass sie ihre Lehren aus allem Sein verstanden hat.

Wer auf der Suche ist, wird finden, was sein Herz begehrt, ganz egal, ob ein neuer Partner, neue Arbeit, neue Wohnung, jedes Ziel wird hier erreicht. Man ist angekommen, wo man hin wollte, hat erreicht, was einem einst vorschwebte. Das erfolgreiche Ende ist da, hier wollte man hin, hier wollte man sein, das wollte man haben. Mehr geht nicht, mehr wollte man auch nicht. Es ist die Karte des absoluten Erfolgs, auch wenn der Weg manchmal hart und steinig war, man ist wieder im Reinen mit sich selbst, kann im Außen leben, was man innerlich an Werte sich vorgenommen hat, Träume können sich erfüllen – doch all das nur, wenn man konsequent und mit entsprechender Willensstärke am Ball bleibt und seine gemachten Erfahrungen nutzt. *Die Welt* ist entsprechend die Karte der Berufung ebenso wie die Karte der stimmigen Partnerschaft.
Gesundheitlich: Haut, Haare.

*Der gute Rat:*
Der Erfolg steht auf Ihrer Seite, doch ohne Fleiß kein Preis – also raffen Sie sich auf!

**Quintessenz:**
Mit dem Wert 21 ist man da, wo man hin wollte, niemals zuvor hatten Sie das Gefühl, zur richtigen Zeit am richtigen Ort zu sein, das Gefühl des absoluten Angekommenseins. Bleiben Sie im Vertrauen, denn dann wird mit dem Wert 3 (Die Herrscherin) weiterhin Ihr Lebensfluss im harmonischen Gleichgewicht fließen und stets Hilfe und Lösungen bringen, wenn jene benötigt werden.

40

# Die
# kleine Arkana

# Satz
# der Stäbe

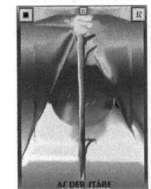

*Das Ass der Stäbe* wird von der Schöpferhand rechtsseitig (= Problembewältigung) in den Mittelpunkt der Karte gedrückt. Im Hintergrund ein Dreieck (= das Göttliche, das Unendliche) und darin weiterhin ein Kreis (= die Reinheit des Geistes). Asse präsentieren die Chance; die mit dieser Karte ausgedrückt ist dergestalt, dass sie materielle Vorteile bringen kann, wenn die Chance mit geistiger Klarheit und dem Wissen der Unendlichkeit genutzt wird.

Welche Chance hier immer geboten wird: wer nicht nur blindlings zugreift, sondern die Augen öffnet für den wahren Gehalt dieser Möglichkeit, wird reich belohnt werden. Doch muss hier zugegriffen werden, Zaudern bringt keinen Erfolg, es ist das Gefühl von *Auf geht's!* , von *Jetzt oder nie!* und erfordert vielleicht auch ein wenig Bereitschaft, fremdes Terrain zu betreten oder ein überschaubares Risiko einzugehen. Alles, was in der vergangenen Zeit nicht mehr funktionierte, kann nun geheilt werden, Beziehungen erfahren durch das eigene Dazutun Besserung, auf dem Arbeitssektor können neue Verträge abgeschlossen werden, möglicherweise ist auch der Zeitpunkt gekommen, sein Können unter Beweis zu stellen, welches von entsprechender Stelle endlich gesehen und gewürdigt wird.
Genutzte Chancen festigen das Fundament, bringen Stabilität.
Gesundheitlich: Schwangerschaft.

*Der gute Rat:*
Lassen Sie die Möglichkeit nicht ungenutzt vorbeiziehen, aber handeln Sie auch nicht übereilt und blind vor Eifer! Nur wahres Interesse und geistige Klarheit zum Abschätzen aller *Wie?* und *Warum?* führen hier zum dauerhaften Erfolg.

45

*Zwei Stäbe* strahlt die Ruhe und Gelassenheit eines Mannes aus; auf die Seite des Friedens (Stab in rechter Hand) wird sich gestützt, die Welt(kugel) in der linken (nicht wirklich entscheiden können), offenen (= nicht festlegen) Hand gehalten. Der Mann ist von den kräftigen Farben allen Seins umgeben und seinem Gesichtsausdruck ist zu entnehmen, dass er keine Eile hat, etwas zu entscheiden oder zu tun. Die Karte lässt weder erkennen, ob und welche Ziele sich hier gesetzt wurden, noch ist aus ihr irgendeine Emotion des Wollens zu lesen.

Diese Karte ist so ein bisschen die Aufforderung zur Erkenntnis: was war – ist – wird sein?, wer war – bin – werde ich sein?, warum habe ich mich wofür entscheiden – wofür entscheide ich mich jetzt – und was will ich morgen? Es muss in diesem Moment noch keine Entscheidung gefällt werden, vielmehr sollten Angelegenheiten und / oder Beziehungen aus einer neutralen Perspektive heraus betrachtet und bewertet werden. Manchmal wird dieser Moment ausgelöst, weil man zwischen den Stühlen steht oder zwischen die Ansichten von zwei Parteien geraten ist, denen gleichermaßen unsere Sympathie gilt. Doch bedeutet Neutralität nicht, sich vor einer Entscheidung oder Auseinandersetzung zu drücken, denn damit wäre das Thema nicht aufgehoben, sondern lediglich aufgeschoben.
Arbeitsmäßig ist es das routinierte tägliche Einerlei, partnerschaftlich mehr Freundschaft denn große Liebe. Doch noch ist es gut wie es ist, für eine Veränderung ist man (noch) nicht bereit.

*Der gute Rat:*
Versuchen Sie, so lang als möglich sich rauszuhalten und Ihren neutralen Standpunkt zu vertreten. Doch wenn es anfängt, Sie zu langweilen, im schlimmsten Fall sogar nicht mehr zumutbar weder für Sie noch andere ist, dann sollte dem mit dieser Karte angekündigten Ruf des Wandels gefolgt werden.

46

Die *Drei Stäbe* strahlen eine gewisse Ruhe aus, ein Mann schaut über das Terrain, scheinbar auf das, was er alles erreicht hat, weiter im Hintergrund finden sich grüne Wiesen und Bäume. Mit seiner rechten Hand hält der Mann einen der Stäbe fest, er weiß, dass seine Bemühungen Früchte getragen haben und weiter tragen werden. Manches Mal wird er anstrengende Zeiten hinter sich gebracht haben, wovon das viele Rot auf der Karte zeugt, gleichwohl leuchtet das Weiß der Reinheit über das Erreichte und er hat sich ein festes Fundament geschaffen, von welchem aus er sich an neuen Zielen orientieren kann.

In dieser Karte verbergen sich ebenso aussichtsvolle wie chancenreiche Möglichkeiten, vor allen Dingen deswegen, weil das, was man sich bisher erschaffen hat, einem den Rücken stärkt und eine gewisse Sicherheit bietet. Hier geht es um Erfolg, um das Ausrichten der eigenen Bedürfnisse und Wünsche an das Leben, um Festmachen der Sehnsüchte, die man sich erfüllen möchte, die dem eigenen Lebenswohl dienlich sind, während vor Lustlosigkeit und künftigem mangelndem Interesse gewarnt wird. Auch wenn man sich sicher fühlt, sollte man das, was man hat, nicht leichtfertig aufs Spiel setzen. So mancher Millionär wurde in kurzer Zeit schon zum armen Mann.
Zeit: Über den längeren Weg, mit Geduld.

*Der gute Rat:*
Verfallen Sie nicht in Trägheit und setzen Sie das Erreichte nicht leichtfertig aufs Spiel. Nur wenn sie weiterhin aufmerksam und tüchtig bleiben, können weitere Ziele angegangen und erreicht werden.

47

*Vier Stäbe* rahmen die Stufen jener Treppe ein, welche von einer Frau in weißem Gewand Stufe für Stufe bedächtig hinaufgegangen wird, sich noch einmal vorsichtig umschauend, einen fragenden Blick zurückwerfend, ob der Weg hinauf und durch die Tür, welche schon geöffnet vor ihr ist und den Blick gewährt auf naturgegebenes Gebiet, welches in seinen Farben nicht nur einladend wirkt, sondern auch das Gefühl von Wärme und Sicherheit gewährt, auch das Richtige ist.

Es soll JA! gesagt werden zum Leben, etwas Neues beginnt, etwas, was schöner wird als zuvor, doch ist es dafür vonnöten, selbst den ersten Schritt zu tun oder den berühmtem kleinen Finger, der einem gereicht wird, anzunehmen in froher Erwartung, dass bald die Hand des anderen in der eigenen liegt. Es ist die Karte der festen Verbindungen, Hochzeit nicht ausgeschlossen, langjährige Verträge, Freundschaften, die von Toleranz und Vertrauen geprägt sind, die Aufforderung, den zugefügten Schmerz der Vergangenheit hinter sich zu lassen und durch die Tür zu schreiten, die einen im Leben Willkommen heißt.
In beruflicher Hinsicht bricht eine am Erfolg orientierte Zeit an, wenn man auf der Welle der gebotenen Möglichkeiten mitschwimmt.
Gesundheitlich: Schwangerschaft.

*Der gute Rat:*
Lösen Sie sich aus der Erstarrung, denn das, was Sie bisher umgibt, wird auf Dauer nicht ausreichend und erfüllend sein. Seien Sie frohen Mutes, marschieren Sie los – die Welt wartet auf Sie! Nicht die Welt hat sich vor Ihnen verschlossen, sondern Sie sich vor der Welt. Gehen Sie wieder raus, fassen Sie neues Vertrauen und freuen Sie sich auf das, was Ihnen geboten wird.

Auf der Karte *Fünf Stäbe* haben fünf junge Männer im spielerischen Wettkampf ihre Kräfte gemessen, sie jubeln, reißen die Arme nach oben, nichts auf dieser Karte wirkt befremdlich oder gar feindselig. Im Gegenteil: gemeinsam waren sie sogar so geschickt, aus ihren Stäben einen so genannten Fünfstern zusammenzulegen, der mit seinen Ecken die Charakterzüge der vier Elemente Luft, Wasser, Feuer und Erde widerspiegelt, während die fünfte Ecke für das Bewusstsein steht.

Der Sinngehalt dieser Karte liegt weit entfernt von mutwilligen Streitigkeiten, Uneinsichtigkeiten und dem Hang zum Bedrohen oder gar Zerstören. Vielmehr vertritt diese Karte die Maxime *Gemeinsam sind wir stark!* - und zwar im friedlichen, harmonischen Miteinander. Es geht um die Herausforderungen des Lebens, ganz egal, nach welchem Thema gefragt wurde, und darum, auch die Meinung, die Stärke, den Willen des Anderen zu akzeptieren, zumindest aber erst einmal auf sich wirken zu lassen. Wer weiß: vielleicht ergibt sich auf diesem Wege die Möglichkeit, etwas, was einen schon länger bewegt, zur Sprache zu bringen oder gar Missverständnisse aufzuklären.

Sowohl im partnerschaftlichen Bereich wie auch auf beruflicher Ebene sollte das **Miteinander** wieder mehr respektiert werden, niemand muss sich hier als der Stärkere fühlen oder sich unterlegen vorkommen, nur weil er mal für den Moment schweigt oder sich anpasst.

*Der gute Rat:*
Sicherlich ist es lobenswert, wenn man hoch hinaus will und vielen fällt es schwer, einfach mal über den eigenen Schatten zu springen und klein beizugeben. Doch gehört auch derlei Verhalten zum Leben dazu und manches Mal führt Kompromissbereitschaft einfach weiter und schneller zum Ziel, als ständig wie Hansdampf durch alle Gassen zu marschieren.

49

*Sechs Stäbe* wurden hier als zwei Dreiecke (= das Unendliche) miteinander verbunden, während ein Mann, auf einem weißen (=die Reinheit, Frieden) Pferd sitzend, in diesem Gefüge für einen Moment ausruht. Das Tier selbst ist allerdings sehr unruhig, es möchte weiter, scharrt schon mit den Vorderhufen und versucht, seinen Kopf aus einem der Dreiecke zu befreien. Auch wenn der Mann eine gewisse Ruhe und Gelassenheit ausstrahlt, weiß sein Pferd doch schon viel mehr, nämlich dass dieser Sieg nur für den Moment ist, nur ein Mosaiksteinchen von einem größeren Gebilde und man noch nicht am endgültigen Ziel angekommen ist. Die verschiedenen Schattierungen des Blaus am Himmel erinnern daran, aufmerksam seines Weges zu gehen, und warnen davor, zur Oberflächlichkeit zu neigen.

Verglichen mit einer Lotterie würde diese Karte so etwas symbolisieren wie die kleinen Gewinne, aber eben nicht den Jackpot. Doch gerade auch die kleinen Errungenschaften, die kleinen bis mittleren Gewinne sind es häufig, die einem Mut für das weitere Voranschreiten geben, ein wenig den tristen Alltag aufhellen und ein Lachen zaubern, wo sonst Traurigkeit die Mimik verhärtet. Diese Karte verleiht Zuversicht, schenkt Vertrauen, bringt neue Kunden, gute Verträge können geschlossen werden. Vor dem partnerschaftlichen Hintergrund ist es die Gemeinsamkeit, durch welche man Konflikte oder Situationen, die die Beziehung belasten, bewältigen kann, während andere langsam wieder anfangen, sich für eine neue Partnerschaft zu öffnen.

*Der gute Rat:*
Freuen Sie sich an dem, was Sie erreicht haben, was Ihnen geboten wird. Seien Sie stolz, Schwierigkeiten überwunden zu haben, dass Menschen an Ihrer Seite hilfreich zu Ihnen stehen. Genießen Sie den Moment des Erfolges. Doch bei allem Respekt: Es ist noch nicht an der Zeit, die Füße hochzulegen. Denken Sie daran: es ist nur ein Stück von dem großen Kuchen.

*Sieben Stäbe* hat der Mann genutzt, um sich einen kleinen Steg zu bauen, damit er trockenen Fußes den Fluss überqueren kann. Vorsichtshalber hat er die linke Seite noch mit einem Stab gesichert, wohlwissend, dass er sich nicht dazu verleiten lassen darf, auf die Seite der schwankenden Eindrücke (= links) zu stürzen, während er einen weiteren Stab vor seinem Körper halt, um tatsächlich nicht aus dem Gleichgewicht gebracht zu werden. Auf der rechten (= Probleme werden bewältigt) Seite steht jeweils ein Stab im Wasser (= das Fließende) und einer an Land (= das Irdische). Hierbei zeigt das Fließende die Motivation des Mannes, dass er bereit ist, weiter für seinen Erfolg zu arbeiten, mit dem Halten des Stabes vor seinem Körper ist jedem ersichtlich, dass er in der Lage und willens ist, sich zu schützen. Doch auch wenn dieses aggressiv anmuten mag, dürfen nicht die hellblauen (= weibliches Prinzip) Farbelemente übersehen werden, die eher zum klugen Entscheiden denn dem Kampf unter Einsatz körperlicher Kräfte anraten.

Wer diese Karte zieht, ist selten *mit dem goldenen Löffel im Mund* geboren worden, sondern hat es durch eigenes Geschick, durch Fleiß und Ausdauer zu dem gebracht, was er heute sein Eigen nennt – und daran wird sich auch nichts ändern. Gerade deswegen kann man manchmal den Neid anderer nicht verstehen, denn letzten Endes ist jeder seines Glückes Schmied. So verweist diese Karte darauf, dass man sein Erreichtes wird verteidigen oder schützen müssen, den Neid anderer gilt es auszuhalten, aber sollte hier nicht Krieg gespielt, sondern mehr von der intuitiven weiblichen Ebene aus agiert werden. Eifersucht und Intrigen sind Ausdrucksform dieser Karte, ebenso wie Mobbingsituationen im Job, immer auf der Hut sein, sich den Marktverhältnissen anpassen, um der Konkurrenz nicht die dicken Brocken zu überlassen.

*Der gute Rat:*
Unterschätzen Sie den Neid Ihrer Mitmenschen nicht und verteidigen Sie das, was es zu verteidigen gilt und wert ist. Allerdings sollten Sie nicht die harten Register ziehen, sondern sich auf Ihre weibliche Seite besinnen und weise entscheidend vorgehen.

51

*Acht Stäbe* - fein säuberlich nebeneinander angeordnet wurden sie auf den Weg gebracht von jener Frau mit Pfeil und Bogen, deren lächelndes Gesicht keinen Zweifel offen lässt, dass sie etwas Gutes vollbracht hat. Im Hintergrund fließt der Fluss (des Lebens) ruhig dahin, tränkt die Erde, damit die Felder drum herum reiche Ernte bringen. Zum ersten Mal in der Reihe der Stäbe haben selbige einen goldigen Schimmer und somit den Ausdruck von Erfolg. Und wie die Gesetze der Schwerkraft uns wissen lassen, werden diese Stäbe schnell den Boden erreichen, doch solang sie noch im Anflug sind, wecken sie einstweilen nur die Vorfreude auf etwas Schönes.

Mit dieser Karte wird verkündet, dass etwas sehr Gutes schon unterwegs ist, auf einen zukommt. Vielleicht kann man es noch nicht sehen, nur innerlich schon ein wenig spüren, alle von Mut und Hoffnung Verlassene sollten bei dieser Karte aufatmen und darauf vertrauen, dass eine Besserung eingeleitet wurde. Allerdings kann dieses *unbekannte Etwas* erst dann richtig eingeschätzt und der Umgang mit selbigem entschieden werden, wenn es soweit ist.

Es ist auch die Karte des Neuen: neue Partnerschaft, neuer Arbeitsvertrag, neues Auto etc., ebenso wie die Möglichkeit, Altes wieder auf Hochglanz zu polieren und zu neuem Wert zu verhelfen. Doch manchmal treffen diese Pfeile auch für einen Moment dermaßen ins Herz, dass sie einen vergessen lassen, was einem bis dato (auch u.U. nur an Wertvorstellungen) wichtig war. Für Ungebundene ist hier die Möglichkeit eines leidenschaftlichen Abenteuers ebenso gegeben wie das Finden des richtigen Partners. Für Gebundene besteht die Gefahr des Seitensprungs.

Zeit: Schnell, schon unterwegs, in Planung.

*Der gute Rat:*
Auch wenn sich scheinbar alles mühelos zurzeit erledigt, sollten Sie Ihr Glück lebendig halten und nicht durch kopfloses Handeln gefährden.

52

*Neun Stäbe* hat ein Mann wie eine Schutzwand um sich herum aufgestellt und sich in deren Mitte gesetzt. Die Augen geschlossen, die Hände ineinander verschränkt und die Beine überkreuzt ist er so sicherlich nicht in der Lage, bei Gefahr schnell reagieren zu können. Er scheint erschöpft, die zurückliegende Zeit mag ihm einiges abverlangt haben, sodass er sich den Moment der Besinnung gewährt, aus den gemachten Erfahrungen den Sinn zu erkennen (er sitzt u.a. in einem – andeutungsweise zu erkennen – Kreis = Reinheit des Geistes, die weißlichen Farbkleckse verweisen ebenfalls auf das Reine, Neue). Durch das Aufreihen der Stäbe wie geschehen schützt er sich gleichfalls vor Personen oder Situationen, die ihn von seinem weiteren Weg abbringen könnten.

Manchmal ist es einfach besser, sich herauszuhalten, sich nicht zu Zornesausbrüchen oder unüberlegten Handlungen hinreißen zu lassen, vor allen Dingen dann nicht, wenn man sich zurückbesinnt und erinnert, dass einem ähnliches Verhalten in der Vergangenheit gar nicht gut getan, sondern eher für Scherereien und Frust gesorgt hat. Hier ist die Chance nun gegeben zu beweisen, was man *wirklich* gelernt hat, ob die nötige Aufmerksamkeit in einem gereift ist, um eine richtige Einschätzung vorzunehmen, man sich selbst so weit im Griff hat, nicht alles und jeden bewerten zu müssen und auch einfach nur mal zu schweigen. Wer allerdings wiederum bei Gefahr aus dem – bildlich gesprochen – ruhigen Dasitzen empor springt und sofort nach einem Stab greift und einem vermeintlichen Gegner kämpferisch gebärdend vor die Nase hält, wird den Schritt zur Vollendung, die diese Karte normalerweise verkündet, nicht gehen können, wird ausgegrenzt, allein zurückbleiben. Es ist auch die eigene innere Prüfung, ob und wofür man *wirklich* bereit ist oder wo gegen die eigene Überzeugung gehandelt wird.

*Der gute Rat:*
Versuchen Sie, eine Komposition aus Aufmerksamkeit und Flexibilität zu kreieren, ohne gefühlskalt zu werden oder sich ins Schneckenhaus zurückzuziehen.

53

*Zehn Stäbe* können umständlicher, als hier abgebildet, sicherlich nicht getragen werden. Anstatt die Stäbe zu schultern und dorthin zu bringen, wo sie sein sollen, wird hier versucht, die zehn Stäbe vor sich herzuschieben und es ist nur eine Frage der Zeit, bis die senkrechten Stäbe ihn irgendwann in den *Schwitzkasten* nehmen oder er in einem unbedachten Moment über sie stolpert. Es wird ein Lernaufgabe sein. Tröstlich zu wissen ist, dass die Zehn einer Reihe immer einen neuen Abschnitt ankündigen, sodass davon ausgegangen werden darf, dass auch diese Person noch rechtzeitig lernt, wie sie ihre Aufgabe besser bewältigen kann, um schneller und sicherer dorthin zu gelangen, wo sie hin wollte.

Was hier auf sich genommen wurde, was hier geduldet wird – das ist in keiner Weise mehr stimmig mit den eigenen Ansichten, Wertvorstellungen, Hoffnungen, Bedürfnissen und Wünschen. Bei Ziehen dieser Karte wurde verlernt, auch mal das durchzusetzen, was einem selbst gut tut; immer ist man für andere da, übernimmt hier noch was, erledigt dort noch etwas, dann freut man sich auf seine Zeit, die man nach eigenen Vorstellungen verbringen möchte, doch ein anderer kommt mit wieder anderen Ideen und schon folgt man, obwohl man doch eigentlich ... Dieser Kreislauf wird sich irgendwann von allein sprengen, wenn man es nicht selbst wagt, hier Einhalt zu gebieten und sich einzugestehen, dass man nicht mehr die Kraft oder den Willen hat, all das länger hinzunehmen. In den allermeisten Fällen ist es ein schleichender Prozess und nicht die böse Absicht des anderen, einen so zu erdrücken. Für eine Partnerschaft bedeutet dieses, dass auch nur beide die Fehler bereinigen können, während Singles in Wirklichkeit noch gar nicht beziehungswillig sind, weil sie die Zeit des Innehaltens aus der Karte *Neun Stäbe* nicht genutzt haben.
Zeit: Bald.

*Der gute Rat:*
Für andere dazusein – okay, doch sich selbst aus den Augen verlieren: ganz klares Nein! Auch Sie haben gewisse Grenzen, auch Ihre Kräfte ein Limit – übertreiben Sie es nicht, denn danken wird es Ihnen letzten Endes niemand.

54

*Der Bube der Stäbe* steht in einer Wüstenlandschaft, kann es kaum fassen, in dieser Einöde einen Stab mit grünen Blättern gefunden zu haben, doch sein Blick lässt erkennen, dass er sich mit dieser Situation schnell angefreundet hat, um nun weiter zu überlegen, was man daraus machen kann. Sein weißes Hemd zeugt ein wenig von Unschuld, vielleicht auch Naivität, seine Körperhaltung von *Wird schon werden!*, er zeigt weder Angst noch mangelndes Interesse. Das Blau erinnert daran, sich tiefer mit der Thematik zu beschäftigen, während auch die weißen Streifen am Horizont für etwas Neues eingezeichnet wurden.

*Der Bube der Stäbe* enthält die Botschaft einer gewissen Chance, die man sich ruhig einmal aus der Nähe anschauen und nicht gleich ablehnen sollte, auch wenn es möglicherweise ein wenig Überwindung kostet. So wie ein grünender Stab inmitten einer Wüste schon recht seltsam ist, wird auch diese Chance evtl. kurios bis fragwürdig erscheinen, doch sich auf etwas Neues einzulassen bedeutet ja nicht, Altes gänzlich aufzugeben. Spannend bleibt es allemal. Auch verbirgt diese Karte den Hinweis, dass neue Ideen oftmals hilfreich sind, um das tägliche Einerlei (sei es in der Liebe oder am Arbeitsplatz) ein wenig aufzuhellen, und manch einer erlebt hier den klassischen One-Night-Stand.

*Der gute Rat:*
Lassen Sie sich von der Begeisterung anstecken und wenden Sie sich dem Neuen mit Interesse zu, denn nur wer etwas wissen will, wird am Ende das Wissen haben, wie es funktioniert.

*Als Personenkarte:*
Eine jüngere (weibliche oder männliche) Person, noch nicht ausgelernt (von Schüler bis Student), eine Freundin oder ein Freund ebenso wie – je nach Fragestellung – ein (Nachrichten-) Bote bzw. Übermittler.
In seinem Wesen noch in einer Lernphase, wissbegierig, naiv.
In seinem Aussehen helle Haare, oftmals blaue Augen.

55

*Der Ritter der Stäbe* kommt auf einem Pferd angaloppiert, das Zaumzeug ist in leuchtendem Rot und spiegelt die leidenschaftliche Energie wider, ebenso wie der rote Sattel. Da das Violett des Himmels ziemlich unruhig wirkt, steht außer Frage, dass der junge Mann von Intuition wenig hält, sondern im Rausche der Gefühle einfach losgaloppiert, ohne sich vorher schlau gemacht zu haben, ob das auch alles so sinnvoll ist. Immerhin reitet er durch eine Wüste und es ist fraglich, wie lange sein Pferd bei diesem Tempo noch durchhalten wird.

Zweifelsohne vertritt der *Ritter der Stäbe* eine drängelnde, draufgängerische Stimmung und wahrscheinlich wird er sich dabei so manches Mal verschätzen. Es geht um Neugierde und Lust auf Abenteuer ebenso wie um unüberlegtes Handeln und Hitzköpfigkeit. Sich für etwas begeistern, ist ja fein – doch ist es wirklich von Dauer oder nur ein Strohfeuer? Auch wer seinem Heimatland den Rücken kehren möchte, hat mit dieser Karte den richtigen Hinweis dazu – doch wurde alles genau geplant? Nicht jeder leidenschaftliche Liebhaber versetzt die Partnerin in Verzücken – ist die Befriedigung möglicherweise nur einseitig?
Zeit: An einem heißen Tag, Hochsommer.

*Der gute Rat:*
Behalten Sie gerne Ihre Unternehmungslust bei, aus einem Abenteurer kann man auch keinen Stubenhocker machen, doch unüberlegtes Handeln oder gar hitzköpfiges Verhalten sind sicherlich nicht angebracht.

*Als Personenkarte:*
Weibliche oder männliche junge Person.
In seinem Wesen zu ungeduldig, weil zu unerfahren.
In seinem Aussehen blonde bis hellbraune Haare, blaue oder blau-graue Augen.

*Die Königin der Stäbe* hält in ihrer rechten (= fasst überlegt ihre Entschlüsse) Hand einen Stab, der Himmel ist in Altrosé / Rosé gehalten und verkündet damit ihre positive Lebenseinstellung, sie hat einige Erfahrungen im Leben gesammelt und den größtmöglichen Nutzen daraus gezogen (rötliche Farbschattierungen werden immer wieder von anderen Farben durchzogen), die braunfarbenen Anteile des Motivs verweisen auf eine Frau, die sich mit ihrem Dasein zufrieden gibt, sich arrangiert hat mit ihrem Leben so wie es ist und dass zu ihrer eigenen Zufriedenheit.

*Die Königin der Stäbe* kann folgende Personen repräsentieren:

➤ Eine Frau, in ihrem Auftreten selbstsicher, optimistische Einstellung, mit den Qualitäten einer Führungskraft, kann Verantwortung übernehmen und erfüllt auch derlei Bereiche mit Bravour,
➤ die Partnerin eines Fragestellers,
➤ die Mutter oder Schwiegermutter,
➤ die Konkurrentin (als Geliebte ebenso wie als Kollegin am Arbeitsplatz),
➤ eine Geschäftsfrau,
➤ aber auch einen Mann, wenn dieser eher der passive Typ ist und sich lieber mitreißen lässt anstatt selbst andere anzufeuern.

In ihrem Wesen ist die *Königin der Stäbe* reizend, positiv eingestellt, auf ihr Äußeres bedacht, liebevoll bis herzlich.
In ihrem Aussehen mit blonden oder auch rötlichen Haaren, blaue oder braune Augen.

**Hinweis:**
Entweder ist es die / der FS selbst oder eine Person mit den Wesenzügen der Königin der Stäbe.

57

Auch *Der König der Stäbe* hält den Stab in der rechten Hand, wobei die goldfarbenen Anteile auf seiner rechten Körperseite ausgeprägter sind, der Weg zu seinem Schloss (weiter im Hintergrund) in ein leuchtendes Gelb übergeht, sodass hier davon ausgegangen werden darf, dass er grundsätzlich versucht, Klarheit in seinem Leben vorherrschen zu lassen, während die dunkleren Schattierungen eher auf der linken Körperseite sich finden, von denen er sich abwendet (linkes Bein ist leicht angewinkelt, als würde er sich wegdrehen). Auch dem Kopf eines Geistes würdigt er keines Blickes, er lässt sich hier nicht verwirren. Er steht in erwartungsvoller Haltung, jederzeit bereit – für was auch immer ihn erwartet. Auch das Braun bei seinem Motiv zeigt, dass er mit seinem Leben zufrieden ist.

*Der König der Stäbe* kann folgende Personen repräsentieren:

➢ Einen Mann, in seinem Auftreten selbstsicher, mit den Qualitäten einer Führungskraft, hat einen ausgeprägten Willen,
➢ den Partner einer Fragestellerin,
➢ den Vater oder Schwiegervater,
➢ den Konkurrenten (als Geliebter ebenso wie als Kollege am Arbeitsplatz),
➢ einen Geschäftsmann,
➢ aber auch eine Frau, wenn diese eher dazu neigt, andere mitzureißen und zu überzeugen, statt sich selbst motivieren zu lassen.

In seinem Wesen ist *der König der Stäbe* willensstark, sehr selbstsicher und wenn er für einen Moment seinen Stolz ablegt, auch liebevoll und herzlich. In seinem Aussehen mit blonden oder auch rötlichen Haaren, graue oder braune Augen.

*Hinweis:*
Entweder ist es die / der FS selbst oder eine Person mit den Wesenzügen des Königs der Stäbe.

58

# Satz
# der Schwerter

Das *Ass der Schwerter* wird umwunden von einem dünneren Seil und einem schweren Tau, eine Seite des Schwertes ist dunkler denn die andere. Es ist eingehüllt in einen hellblauen (= klug entscheiden) Schein, die Spitze des Schwertes ist weiß (= Klarheit) umleuchtet, zeigt nach unten, was nicht zwangsläufig den festen Willen, sondern eher die Notwendigkeit einer eindeutigen Entscheidung zum Ausdruck bringt. Die umgebenden Farbschattierungen des Violetts verweisen darauf, die seelischen wie geistigen Argumente zu bedenken. Der Zeit des sich Arrangierens (Farbe Braun, wird weggedrückt) ist hier das Ende prophezeit.

Auch das *Ass der Schwerter* bietet wie schon das Ass der Stäbe eine Chance- in diesem Fall sich für oder gegen das eine oder andere zu entscheiden. Diese Entscheidung mag vielleicht nicht gewollt sein, eventuell tut man sich auch schwer damit, doch wird es so schnell keine bessere Gelegenheit geben denn diese, um sich (bildlich gesprochen) für das Seil oder das Tau zu entscheiden. Hierbei sollte man weder den großen Krieger noch den verbitterten Charakterzug ins Spiel mit einbringen, sondern eine wohlwollende, kluge Entscheidung treffen, mit deren Resonanz man sich zufrieden geben kann. Es gilt zu prüfen, wo noch Gemeinsamkeiten sind, was man beruflich wirklich möchte, die Erkenntnis, dass etwas weiter abgeklärt werden muss, damit Klarheit kommen kann (z.B. auch Ursachen- forschung bei Erkrankungen).

*Der gute Rat:*
Weder lautes Schreien noch das Stellen von übertriebenen Forderungen bringen Sie hier weiter und jemanden mit Worten zu attackieren schon gar nicht. Tragen Sie Ihren Teil zur Klärung bei – jetzt, denn einen besseren Zeitpunkt hierfür wird es sobald nicht mehr geben. Wenn Sie sich tolerant und ein wenig nachsichtig zeigen, kann diese Chance (weitblickend gewertet) außerordentlich wertvoll sein, was heute eventuell noch nicht erkennbar ist.

61

*Zwei Schwerter* hält ein Mann, im Schneidersitz auf der Erde (= das Irdische, das Feste) sitzend, schützend vor seinen Körper, die Augen sind verbunden, sodass seine Blicke nicht von Äußerlichkeiten abgelenkt werden, sondern er sich in Ruhe dem Blick nach innen zuwenden kann. Der Fluss hinter ihm liegt ruhig und wird vom Mond beschienen. Die Arme sind gekreuzt, etwas ist nicht klar, er scheint wie gefangen zwischen zwei Meinungen, das berühmte *zwischen den Stühlen sitzend*-Gefühl. Allein der Rückzug und die Abwehr, ihn für sich allein zu lassen, ihm zu gewähren, hier in sich zu kehren und in sich zu schauen, ermöglicht es ihm, sich Klarheit zu verschaffen, damit der Fluss neuen Schwung zum Fließen bekommen kann.

Der gequälte Gesichtsausdruck zeigt, dass es dieser Person nicht leicht fällt, eine Entscheidung zu fällen, ihm die Lage, in die er gebracht wurde oder sich selbst gebracht hat, mehr als missfällt. Alle Euphorie ist gewichen – und die wäre hier auch nicht angebracht. Im Gegenteil. Denn diese ist ebenso zu Ende wie das Hinauszögern, auch ein *so tun als ob*-Verhalten ist längst überholt, hier geht es um Uneinigkeit, Disharmonie und Zwiespälte, die nur nach wohl überlegter und hieb- und stichfest durchdachter Handhabe gekittet werden können. Sämtliches Für und Wider gilt abzuwägen, egal, wonach gefragt wurde. Dieses kann bei Fragen wie z.B. Geldverleih, neuer Partnerschaft, neuer Job besonders wichtig sein: denn entweder bekäme man es nur schwer bis gar nicht wieder (Geld) oder man würde schon bald merken, dass man einem Irrtum unterlag und sich falsch entschieden hat.

*Der gute Rat:*
Nur weil etwas schief gelaufen ist, sind Sie weder ein Versager noch ein schlechter Mensch. Das Übel aber noch zu bekräftigen, indem man sich in Selbstzweifeln verliert und seine Launen an der Umwelt auslässt, ist unnötig. Sorgen Sie dafür, Ihren inneren Frieden wiederzufinden, werden Sie wieder authentisch. Manchmal ist es nur das Ego, das einen kurz verlassen hat und in diese Situation führte. Sie können es umgehen, indem Sie von vornherein folgerichtig und vernünftig vorgehen – ziehen Sie sich zwecks dieser Einsicht zurück und schirmen Sie sich ab.

62

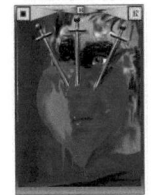

*Drei Schwerter* durchbohren ein rotes Herz, dass es seine einst gleichmäßigen Konturen in Unordnung bringt, es scheint zu weinen – genau so wie jenes Gesicht, dessen untere Hälfte das Herz ausfüllt, während die Augen darüber schauen. Der Mund ist geschlossen, es wird geschwiegen, gleichwohl zeugen die Tränen von bitteren Emotionen – nur ein Teil konnte hier schweigen, aber nicht alles unterdrückt werden. Allerdings gibt das viele Violett auch Hoffnung, ganz egal, wie schmerzhaft diese durchlebte Erfahrung auch sein mag, dass es wieder besser wird, u. U. diese Entwicklung sogar vonnöten ist, um sich vor größerem Schaden zu bewahren.

Wer hier nicht selbst entscheidet, dem kann es widerfahren, dass ihm Entscheidungen abgenommen werden – so oder so: weder die eine noch die andere Variante ist schön, es fließen Tränen, der Schmerz lässt einen verstummen. Dieses kann geschehen durch Trennungen, Arbeitsplatzverlust, Mobbing, Absagen, erfahrene Enttäuschung, aber auch durch die Einsicht, dass sich manche Träume einfach nicht realisieren lassen oder auch ein Mensch / eine Situation idealisiert wurde, die Illusion dessen, was man glauben wollte, wie eine Seifenplatz zerplatzt, Gefühle nur einseitig sind, man immer noch als Single dasteht, während alle anderen scheinbar verliebt durchs Leben tingeln. Es mag ungerecht sein, doch sollte es einen nicht dazu verleiten, ungerecht zu werden.
Diese Zeitqualität ist auf keinen Fall dafür geeignet, die Augen zu verschließen und darauf zu hoffen, das alles nur ein böser Traum ist, der mit Anbruch des nächsten Tages vorbei ist.
Zeit: Über den längeren Weg, auf einen anderen Termin verlegend.

*Der gute Rat:*
Fassen Sie Mut, der Wahrheit ins Gesicht zu sehen, stellen Sie sich der unliebsamen Entscheidung, laufen Sie nicht weg, sondern wenden Sie sich dem zu, was hier die Tränen ausgelöst hat. Je schneller Sie handeln, desto eher wird es Sie befreien.

63

*Vier Schwerter* sind wie ein schützender Käfig um den Körper eines Mannes aufgestellt, als wollten sie ihn schützen während der Zeit, die er sich zurückgezogen hat. Sein Gesicht wirkt müde, angespannt, erschöpft, die Hände werden in Namasté-Stellung gehalten – so hat er sich hingelegt auf eine helle Liegestatt, schaut nach oben und ist umgeben vom Farbspiel der geistigen Welt (violett), welches unterbrochen wird von hellem Blau (weibliches Prinzip) als Zeichen der Ruhe, des In-sich-Kehrens, gleichwohl wird dieses nicht für immer sein, wirklich nur für einen Moment, wie das Schwarz der Unterlage erkennen lässt: *es* ist noch nicht zu Ende. Die angeordneten Schwerter bilden in ihrer Mitte ein Quadrat, stellvertretend für das Irdische, welches versucht werden soll in Verbindung zu bringen mit den geistigen Ansichten, ggf. auch universellen Gesetzen.

Es kommt zu einem Stillstand und es wird auch nicht möglich sein, diesen mit Gewalt zu stören, da es in diesem Moment keine Einigkeit geben würde. Jeder hat seine Meinung, keiner hört mehr genau hin, was der andere  mitzuteilen hat, Welten prallen aufeinander und keiner versteht, worum es eigentlich noch geht und wieso sich hier die Fronten mehr und mehr verhärten. Mit vier Schwerter wird der Rückzug empfohlen, das Alleinsein, auch Meditation – alles was dazu dienlich ist, die Angelegenheit aus einer anderen Perspektive zu betrachten. Partnerschaften wirken ermüdend, es hat sich totgelaufen, es fehlt der Esprit, manche trennen sich hier auf Zeit; vor beruflicher Hinsicht geht man unter dieser Karte häufig von zu viel Mehrarbeit aus, Borderline-Syndrom, zu wenig Freizeit, manchmal auch Kündigung. Wer in Streitigkeiten gerät, dem wird empfohlen, sich gemäß dem Leitsatz *Der Klügere gibt nach!* zumindest für eine Weile zurückzuziehen, damit es nicht noch weiter eskaliert.

*Der gute Rat:*
So geht es nicht weiter, Sie müssen erst wieder zu Kräften kommen, einen klaren Gedanken fassen können, bevor überhaupt nichts mehr geht und Sie dem ganzen Geschehen irgendwann ohnmächtig ausgeliefert sind, Ihnen Ihre Handlungsmöglichkeiten abgenommen werden und Sie damit ins Abseits gestellt werden.

64

 *Fünf Schwerter* zeigen zwei sich abwendende Personen, mit hängenden Schultern gehen sie ihres Weges, haben ihre Schwerter zurückgelassen, sie bewegen sich auf dunklem Terrain, auch ihr Weg vor ihnen ist schwärzlich eingefärbt, Zeichen einer unschönen Situation. Nur einer der Kämpfer steht in aufrechter Position im Vordergrund, hält sein Schwert in rechter (= Probleme bewältigen) Hand, doch sein Gesichtsausdruck ist nicht gerade glücklich und die Spitze des Schwertes zeigt nach unten, sodass in Frage gestellt werden muss, ob sich dieser Kampf wirklich gelohnt hat. Die Farben sind in Unordnung geraten und präsentieren alle Abschnitte von Kälte und Wärme, positiver und negativer Leidenschaft, dem Kampf und Arrangieren.

Die Karte ermahnt, sich vor überraschenden Angriffen zu wappnen. Aus einer kleinen Unterredung kann ein hitziger Streit werden, aus einem Gerangel eine Prügelei und wer einem gestern noch als Freund zur Seite stand, wird sich gegen einen stellen und nicht mehr unterstützende, sondern bedrohende Position beziehen. Es ist eine Unglückskarte, geprägt von Frustration, Missgunst, Gehässigkeit und Schadenfreude, doch zu jedem Kampf gehören mindestens zwei Beteiligte und nicht einer nur trägt hieran allein die Schuld. In der Liebe kriselt es gewaltig, meistens steht die Trennung im Haus, nicht selten auch deswegen, weil die einstige große Liebe sich zum Kraft raubenden Drama oder sich ein liebevoller Partner zum unerträglichen Besserwisser oder Tyrannen entwickelt hat. Auch in vertraglicher Hinsicht hat man hier keine Chance, entweder man wird ausgetrickst oder die Konkurrenz ist einfach zu groß. Was immer man anpackt – man wird verlieren. Sogar vor kriminellen Handlungen wird mit dieser Karte gewarnt: hier kann sich ein kuscheliges Miteinander bis hin zur Vergewaltigung entwickeln, wenn man dem Partner plötzlich Einhalt gebietet, ehemalige Freunde wollen ein Geheimnis plötzlich nur noch gegen Gegenleistung für sich behalten. Wirtschaftsverbrechen, Schmuggel.

*Der gute Rat:*
Sie müssen diese Situation nicht aushalten und schweigend hinnehmen. Doch bevor Sie zum Gegenschlag ausholen, schauen Sie, wo der Fehler eventuell bei Ihnen oder insgesamt liegen könnte und überlegen Sie gut, ob es sich wirklich lohnt, auf dem alten Niveau weiter zu machen.

65

*Sechs Schwerter* haben sich als zwei Dreiecke über das Geschehen positioniert, die unteren Seiten liegen sich gegenüber, die eine Spitze zeigt nach oben, die andere nach unten. Ein Dreieck stellt allgemein das Unendliche dar, das obere Dreieck hieraus resultierend das Bekannte und das untere Dreieck das (noch) Unbekannte. Ein Paar hat sich auf den Weg gemacht, überquert ein Gewässer, hat sich von dem Bekannten abgewandt und schifft gen unbekanntes Neuland. Es scheint sie mit Unbehagen zu erfüllen, denn der Abschnitt, in welchem sich das Boot bewegt, ist äußerst dunkel, gleichwohl zeichnet sich am unteren Bildrand ein langsames Leuchten ab. Die Frau hält schützend ihren Säugling im Arm, während der Mann stehend mit Hilfe eines Stabes das Boot vorwärts bewegt. Sie sind eng beieinander, halten zusammen, sind füreinander da.

Es ist die Karte der Bewegung, der sowohl mentalen wie auch räumlichen Veränderung. Etwas oder jemandem wird der Rücken zugedreht, man zieht sich zurück, manchmal geht man auch neue Wege, einfach nur, um weitere Eskalationen vorzubeugen. Ein Umzug weiter weg, evtl. sogar Auswandern in ein fremdes Land, Anschaffungen, die von größeren Investitionen begleitet sind, beruflich der *Sprung ins kalte Wasser* oder auch die nicht unbedingt geplante, betriebsbedingte (auch Zwangs-) Versetzung an einen anderen Arbeitsplatz, ggf. sogar in einem anderen Ort – all diese Möglichkeiten decken die sechs Schwerter ab. Doch auch wenn es im Moment noch ein mulmiges Gefühl auslöst, ist dieser Weg nicht zwangsläufig der Schlechteste.
Zeit: mit Geduld, nicht von Heut' auf Morgen.

*Der gute Rat:*
Diese Situation erfordert Ruhe und genaues Planen, unter Umständen wäre es auch sinnvoll, sich durch Dritte beraten zu lassen, die in dieser Angelegenheit nicht durch persönliche Emotionen involviert sind. Niemand muss sich hier allein gelassen fühlen, bis sich aus dem mulmigen Gefühl eine tiefe Angst entwickelt hat. Fragen Sie, fangen Sie an zu planen, freuen Sie sich auf das, was vor Ihnen liegt und schauen Sie nicht nur auf jenes, welches Sie zurücklassen (müssen).

*Sieben Schwerter* zeigt eine Frau, die in der rechten Hand ein Schwert hält, vor ihr befinden sich drei Schwerter wie im Schwebezustand, ebenso aber auch hinter ihr. Sie scheint in Bewegung zu sein, wobei sie sich ein wenig ungeschickt anstellt mit dem Halten des einen Schwertes in ihrer rechten Hand. Womöglich ist sie sich – auch beobachtet aus ihren Gesichtszügen – angesichts ihrer Handlung nicht wirklich sicher, ob es so richtig war, was sie getan hat. Auch wenn die Farben reihenförmig angeordnet sind, verweist doch die Vielzahl der Farben auf ein gewisses Maß an Unsicherheit, denn es wird sich weder zu dem einen (z.B. der Hoffnung, grün) noch zu dem anderen (z.B. dem Geistigen, gold / gelb) konkret bekannt, alles ist irgendwie schwammig. Da sie sich von drei Schwertern in ihrer Bewegung abwendet, scheint es ihr nicht gelungen zu sein, allumfassend zu handeln.

Diese Karte ist recht vielfältig: meistens verbirgt sich hinter ihr eine Form der Unehrlichkeit, dieses kann sowohl den konkret begangenen Diebstahl oder Betrug betreffen wie auch das *sich auf leisen Sohlen davonmachen*, um nicht zur Rechenschaft gezogen zu werden. In letzterem Fall wird einer klärenden Konfrontation aus dem Wege gegangen, dieses kann partnerschaftlich ebenso zutreffen wie im beruflichen Bereich. Schwarzarbeit. Geheimnisse. Auf geschäftlicher Ebene, hier auch der eigenen Absicherung z.B. in Form von Fonds, Aktien etc., sollte man noch einmal kalkulieren, ob nicht doch irgendwo ein Rechenfehler vorliegt, damit am Ende die Enttäuschung nicht zu groß ist, wenn man mit weniger dasteht als einst erhofft.
Als Hinweis ist hier noch der Spruch „Was du nicht willst, dass man dir tu', das füg' auch keinem anderen zu" angebracht.

*Der gute Rat:*
Überprüfen Sie noch einmal Ihre bereits getroffenen oder von Ihnen in Erwägung gezogenen Entscheidungen. Sicherlich kann man sich eine gewisse Zeit durchs Leben mogeln, doch irgendwann kommt der Tag, an dem muss man der Wahrheit ins Gesicht ziehen und wird die Konsequenzen aus dem einst voreiligen Handeln oder unfairen Tatendrang tragen müssen.

67

*Acht Schwerter* versperren hier einem trabenden weißen Pferd den Weg, die Reiterin wirkt traurig, bestürzt, kraftlos, scheint ohne Mut zu sein. Anstatt ihren Blick gen Himmel zu richten, dessen dunkles Violett sie daran erinnert, inne zu halten, in sich zu kehren, um ihre Würde aufrechtzuerhalten, weil in ihr die Antworten liegen, schaut sie Richtung Boden, sieht scheinbar keinen Ausweg und verlässt sich darauf, dass das Pferd sie an einen sicheren Ort bringen wird. Doch versperren ihr die Schwerter nicht ohne Grund diesen Weg, denn sie soll gerade **nicht** da weiter machen, wo sie aufgehört hat, sondern sich daran erinnern, wer sie ist, was sie sein möchte, um dann ihr Pferd zu lenken, auf dass es den Weg einschlägt, der ihrem Lebensbedürfnis entspricht.

Der eindrucksvolle Hinweis „Stopp!" durch die Anordnung der Schwerter darf nicht nur mit dem harten Einschnitt im Leben verbunden werden, an dem es gilt, Innenschau zu halten, um dann aus den gewonnenen Erkenntnissen sich weiter auf den Weg zu machen, sondern darf auch gleichgesetzt werden mit Einschränkungen, denen man sich aus eigenem Antrieb unterzieht: von Diät bis Fastenkuren, auch Entzugsbehandlungen kann hier alles vertreten sein. Doch geht diese Zeit nicht mit Leichtigkeit einher, sondern wird eher als Engpass angesehen, als notwendiges Übel. Es ist allerdings nur für eine begrenzte Zeit, dass man sich mäßigen muss, doch so wie man sich selbst in diesen Abschnitt der Enthaltsamkeit gebracht hat, so kann man ihn auch selbst jederzeit wieder beenden. Nur den nötigen Schritt aus einer Beengung heraus – den muss man selbst wählen. Das gilt für alle Bereiche. Unter dieser Karte finden sich weiterhin Stubenhocker, psychisch oder organisch angeschlagene Menschen, aber auch defekte Geräte.
Zeit: Nur eine kleine Weile.

*Der gute Rat:*
Niemand hält Sie fest, niemand kann Sie hindern, etwas an der Situation zu ändern. Ihrem Pferd wurde hier nur ein Stopp gezeigt, dass es hier nicht weiter gehen kann, aber es stehen andere Richtungen offen. Lenken Sie es in jene, die Ihren tiefen Bedürfnissen eher entspricht denn dem, was Sie damit hinter sich lassen können.

*Neun Schwerter* haben sich in und um die Schlafstätte des Mannes mit ihren Spitzen gebohrt, sie gewähren ihm keinen Platz, um zur Ruhe zu kommen – im übertragenen Sinne findet er keinen Schlaf, weil ihn etwas grämt, so viel Kummer bereitet, dass manche Nächte so dunkel sind, als würde es kein Morgen mehr geben. Allerdings könnte der Betroffene hier die Schwerter zur Seite räumen und sich niederlegen, um Schlaf zu finden, sprich: das Übel an der Wurzel packen. Wenn er so auch mit dem, was ihn gedanklich behaftet, verfahren würde und nicht nur fixiert auf die ausgelösten Umstände starren täte, könnte er nicht nur das leidige Thema zu Ende bringen, sondern sich auch wieder ruhigen Gewissens schlafen legen.

Oftmals sind es Dinge aus der Vergangenheit, die einen in der Gegenwart bedrücken und auch mit in die Zukunft genommen werden, wenn man nicht handelt. Dazu würde es u.U. gehören, einzusehen, wann man einem Trugschluss unterlag. Anstatt sich zu trennen, wird der Seitensprung vorgezogen, um ja keine klare Entscheidung treffen zu müssen. Wenn man Ablehnung erfährt oder jobmäßig etwas nicht so klappt, wie es sollte, macht man sich klein und kleiner, sucht die Fehler an sich, das Leben ist ja sowieso schon grausam genug, zu nichts ist man in der Lage, alles scheint zum Scheitern verurteilt, das Gefühl von Versagen hat seinen Nährboden gefunden und aus diesem verzweifelten Kreislauf heraus kann es sogar passieren, dass man wider seiner eigenen Wertschätzung dazu neigt, auch anderen Schaden zuzufügen, damit auch die anderen mal wissen, wie es ist, wenn man der ewige Verlierer ist und nicht bekommt, was man begehrt oder mit etwas ausharren muss, was einem missfällt.

*Der gute Rat:*
Natürlich können Sie sich die Decke bis über die Ohren ziehen und weiterhin davon träumen, dass sich das Wunderfeuerwerk der phänomenalen Heilung über Sie entzündet. Doch sobald Sie die Decke wieder herunterziehen, werden Sie merken, dass es doch nur ein Traum war. So wird es nichts. Wenn Sie falsch gehandelt haben, ein Fehler Ihnen unterlief – haben Sie Mut, stehen Sie dazu.

*Zehn Schwerter* haben sich vor und über den Mann gruppiert, er wirkt wie eingerahmt, sein Handlungsspielraum ist ihm genommen worden. Seine Körperhaltung zeugt von Erschöpfung, er weiß nicht weiter. Allerdings spürt er durch die regelrecht erzwungene Bewegungsunfähigkeit, dass ein Ende vonnöten ist, um den mit der 10 einer Reihe gewollten Wechsel in einen neuen Abschnitt vollziehen zu können. Möglicherweise ist dieser Wechsel mit allerhand Reue und Buße (Farbe Violett) verbunden, doch wird er dann auch aus den erschöpfenden und emotional aufwühlenden Geschehnissen sich lösen, mit denen sich viel zu lange arrangiert wurde (Schwarz vermengt sich mit Braun). Da acht der Schwerter über ihm angeordnet wurden, gibt es hier keine Alternative denn das Ende, da sie übermächtig sind.

Mit dieser Karte wird das Ende angezeigt sowohl in partnerschaftlicher wie auch beruflicher Hinsicht. Manchmal deutet sich dieses Ende über einen längeren Zeitraum langsam an, doch meistens kommt es zu einer plötzlichen Beendigung, die einen eher unerwartet trifft. Viel zu lange wurde sich arrangiert, viel zu lange ausgehalten, was nicht mehr auszuhalten war, diese Zeit ist nun zu Ende, aus, vorbei, es geht nicht mehr. Wer nicht selbst hier einen Schlussstrich zieht, wird selbst mit einem solchen konfrontiert. Absagen, ablehnende Bescheide, plötzlicher Kontaktabbruch, aus der Gemeinschaft verstoßen werden – all das sind Eigenschaften der *Zehn Schwerter*.
Zeit: Schnell.

*Der gute Rat:*
Etwas geht zu Ende, ein für allemal, und das ist gut so. Versuchen Sie das befreiende Gefühl daraus zu genießen, anstatt an alten Erinnerungen zu klammern. Machen Sie sich vor allen Dingen bewusst, dass es hier nur um einen ganz bestimmten Teilbereich geht. Mit diesem Ende ist nicht gleich die ganze Welt verloren.

*Der Bube der Schwerter* steht auf einer Anhöhe, weit im Hintergrund ein wenig grüne Landschaft, der Himmel ist durchzogen von grauen Wolken, als kündige sich schlechteres Wetter an. Der Bube hält sein Schwert in beiden Händen, er versucht, mutig und kämpferisch zu wirken, doch in Wirklichkeit verraten seine angespannte Körperhaltung und seine Handgriffe, dass er im Umgang mit dem Schwert nicht geübt ist. Er versucht allerdings, durch seine Erscheinung Eindruck zu schinden, um so über seine Unzulänglichkeiten hinwegzutäuschen. Immerhin hat er es dadurch geschafft, sich einen Platz auf einer Anhöhe zu ergattern, sein Blick ist also schon übersichtlicher geworden. Bis er allerdings eine Bergspitze erklimmen kann, ist es noch ein weiter Weg.

Der *Bube der Schwerter* vertritt den eher impulsiven Charakter. Es werden Worte in den Raum geworfen, Handlungen vollzogen, doch alles ist nicht immer gut durchdacht, es zieht Fehler nach sich und man könnte fast der Meinung sein, der Bube legt es darauf an, nur aus seinen Fehlern zu lernen, anstatt auch mal fehlerfrei zu handeln, weil dafür das Einholen Ratschläge Dritter beispielsweise notwendig wäre, was ihm nicht entspricht. Es geht um Kritik, Sticheleien, Angriffe verbaler Natur, Auseinandersetzungen, manchmal auch einfach nur nervigen Diskussionen. Häufig verbirgt sich jemand hinter dem Buben der Schwerter, der sich nicht traut, zu sagen, was er **wirklich** zu sagen hat, sondern so lange spottet und höhnt, bis er am Ziel ist.

*Der gute Rat:*
Wenn Sie etwas zu sagen haben, dann sagen Sie es direkt und klar, dass jeder es versteht. Manchmal ist es allerdings einfach sinnvoller, sich diskret zurückzuziehen, anstatt andere ständig zu kritisieren.

*Als Personenkarte:*
Eine jüngere (weibliche oder männliche) Person, noch nicht ausgelernt (von Schüler bis Student), eine Freundin oder ein Freund.
In seinem Wesen impulsiv, neugierig, kritisierend, wachsam.
In seinem Aussehen dunkelblonde oder hellbraune Haare, oftmals blaue Augen.

71

*Der Ritter der Schwerter* galoppiert durch das Geschehen, das Schwert in der Hand und erhoben zeigt seine Angriffshaltung, rote Streifen durchziehen den violetten Hintergrund, verkünden so seine Aggressivität, auch wenn sie nicht sofort spürbar sein sollte, doch bewegt sich sein Pferd auf dunklem Grund und es wirkt, als würde der Ritter mit Gewalt versuchen, es davon abzuhalten, die weißen und auch gold-gelben Flächen zu berühren, die eher das Friedliche repräsentieren. Er glaubt (auch zu erkennen aus den violetten Schattierungen seiner Kleidung und des Pferdes), die *Weisheit gepachtet* zu haben und mit seinem Vorgehen im Recht zu sein. Ob er sich oder anderen mit diesem Gebärden allerdings mehr schadet als wirklich gut tut, kann allein aus dieser Karte noch nicht abgeleitet werden.

Mit dem *Ritter der Schwerter* wird alles vertreten, was in gewisser Weise mit heldenhaftem Agieren zu tun hat, mit Kraft und Stärke, dem Mut, sich Herausforderungen und Schwierigkeiten zu stellen, mit Aggressivität, mit Wut – doch muss immer hinterfragt werden, ob das der richtige Weg ist. Denn im umgekehrten Sinn neigt man hier dazu, sich selbst mutiger einzuschätzen als man wahrhaftig ist, oder gar nicht in der Lage zu sein, etwas oder jemanden richtig einzuschätzen. Er zeigt auf, dass gerade in Beziehungen oder geschäftlichen Verbindungen einer versucht, der Überlegenere zu sein, jener, der die Zügel in der Hand hält. Doch nicht allen(m) darf man hier Glauben schenken, manchmal liegt der Fehler im Detail und ist nicht gleich offensichtlich.
Zeit: Kältere Jahreszeit.

*Der gute Rat:*
Vertreten Sie nicht nur die kämpferischen und gefährlichen Eigenschaften des Ritters. So mancher Ritter hätte weitaus mehr Erfolg durch ein edles und galantes Auftreten. Das hat nichts mit Schwäche zu tun.

*Als Personenkarte:*
Weibliche oder männliche junge Person.
In seinem Wesen beleidigend, aggressiv, taktlos.
In seinem Aussehen dunkle Haare und Augen.

72

KÖNIGIN DER SCHWERTER
THE QUEEN OF [WORDS]

Die *Königin der Schwerter* steht in einer Landschaft, die Dämmerung ist hereingebrochen. Sie hält das Schwert in ihrer linken Hand, die Spitze nach oben gerichtet, ihr Gesichtsausdruck ist herausfordernd. Sie ist allein, fürchtet die Gefahren, die sich in der Dunkelheit verbergen könnten, nicht. Das Rot ihres Kleides zeugt von ihrer Leidenschaft zum Leben, die sie durch ihren Einsatz und ihre Furchtlosigkeit sich erarbeitet oder neu entdeckt hat. Das Rot steht sowohl für die positiven wie auch negativen Aspekte des Daseins, beides hat sie in ihrem Leben erfahren und beides hat zu ihrer Stärke beigetragen. Doch wirkt das Motiv insgesamt nicht sonderlich aggressiv, vielmehr versinnbildlichen die warmen (Erd-) Töne, dass sie sich mit dem, was gewesen ist und was ist, arrangiert hat, gleichwohl das erhobene Schwert zeigt, dass sie nicht so leicht um den Finger zu wickeln ist, sie emotional eher schwer zugänglich sein wird.

Die *Königin der Schwerter* kann folgende Personen repräsentieren:

➢ Eine Frau, in ihrem Auftreten autonom, souverän, schlau, wortgewandt, erfolgreich.
➢ die Partnerin eines Fragestellers,
➢ die Mutter oder Schwiegermutter,
➢ die Konkurrentin (als Geliebte ebenso wie als Kollegin am Arbeitsplatz),
➢ eine alleinstehende (geschieden, verwitwet) Frau,
➢ aber auch einen Mann, wenn dieser ein offenes Ohr für andere und ihre Ideen hat, gleichwohl sich aber das Zepter nicht aus der Hand nehmen lässt.

In ihrem Wesen ist die *Königin der Schwerter* schlau, frei, meist ungebunden, unabhängig, steht auf eigenen Beinen, mag sich nicht an anderen orientieren, sondern vertraut vorwiegend auf sich selbst.
In ihrem Aussehen mit dunkelblonden oder hellbraunen Haaren.

*Hinweis:*
Entweder ist es die / der FS selbst oder eine Person mit den Wesenzügen der Königin der Schwerter.

73

Der *König der Schwerter* achtet darauf, dass es in seinem Leben keine Ungerechtigkeiten gibt, er stellt sich schützend vor sein Hab und Gut, ein Falke sitzt auf seiner Schulter, er demonstriert stellvertretend, dass der König stets den Überblick über alles und jeden behält und Probleme auf seine Weise löst (hält das Schwert in der rechten Hand). So mancher in seinem Umfeld fühlt sich ihm unterlegen, fast schon ehrwürdig werden die Schultern eingezogen – versinnbildlicht durch die schemenhaft daliegende Gestalt links am Bildrand. Allerdings ist sein Auftreten und Handeln niemals ungerecht, dafür hat er mitunter selbst schon oftmals Buße tun müssen und hat aus diesen Momenten des Lebens genügend Erfahrung (violette Kleidung), dass er anderen nicht mutwillig Schmerz zufügt.

*Der König der Schwerter* kann folgende Personen repräsentieren:

➢ Einen Mann, in seinem Auftreten klar strukturiert, distanziert, schlau, entschlussfreudig,
➢ den Partner einer Fragestellerin,
➢ den Vater oder Schwiegervater,
➢ den Konkurrenten (als Geliebter ebenso wie als Kollege am Arbeitsplatz),
➢ einen studierten Mann,
➢ aber auch eine Frau, wenn diese äußerst willensstark, dynamisch und zupackend ist.

In seinem Wesen ist *der König der Schwerter* willensstark, geachtet, umschwärmt, rechtschaffen, erfolgreich.
In seinem Aussehen mit dunklen Haaren und Augen.

*Hinweis:*
Entweder ist es die / der FS selbst oder eine Person mit den Wesenzügen des Königs der Schwerter.

74

# Satz
# der Kelche

Das *Ass der Kelche* wird wie auf einer Fontäne von Reinheit und Göttlichkeit durch das sich aus dem Gewässer emporhebende strahlende Weiß in die Mitte des Geschehens gerückt und versinnbildlicht nicht zuletzt auch durch die Taube, die eine Hostie in dem Kelch ablegen wird, fast schon so etwas wie ein Wunder, welches einem zuteil wird. Der Kelch dient der Rückbesinnung auf die Legende um den Gral, der schon zu seiner Zeit Fülle und Glückseligkeit versprach, ebenso wie die ewige Jugend. So ist hierzu auch analog der orangefarbige Streifen zu werten als Karte des Jungsein oder Jungbleibens ebenso wie mit dieser Farbe Stimmungsaufhellung, Mut, Freude und Glück in Verbindung gebracht werden.

Mit dem *Ass der Kelche* wird einem etwas so Hervorragendes geboten, dass es schon fast einem Wunder gleicht. Für jemanden, der gerade in einer Lebenskrise steckt oder ohnehin an allem zweifelt, was in irgendeiner Form mit *Schicksal* oder *göttlicher Fügung* im Zusammenhang steht, ist die Gefahr groß, hier etwas Wertvolles ungeachtet an sich vorüberziehen zu lassen. Wer allerdings genau hinhört oder hinschaut, für den vertritt diese Karte das Glück, die Liebe, Mut, Hoffnung, Formvollendung, Anmut, Glanz. Liebende können jetzt ihr Glück vervollkommnen durch Nachwuchs und Alleinstehende haben die Chance, ihrem Lebenspartner zu begegnen. Alles Vertragliche steht unter einem guten Stern, Probleme werden gemeistert. Zeit: Osterzeit (in Anlehnung an die Gralsgeschichte).

*Der gute Rat:*
Öffnen Sie sich (wieder) für das Gute im Leben, egal, wie groß der Kummer ist oder war. Lassen Sie den Wunsch nach dem Gefühl von Geborgenheit aufrichtig zu und erkennen Sie, dass auch für Sie ein Leben im Glück möglich ist. Denn es ist Zeit für ein Wunder.

 *Zwei Kelche* zeigen ein Paar, welches eng beieinander steht, ein jeder hält einen Kelch in der Hand, als würden sie miteinander anstoßen wollen. Sie trägt ein weißes Kleid, er ist mit schwarzer Hose und weißem Oberteil bekleidet – und auch wenn zwischen Weiß und Schwarz kein größerer Unterschied sein könnte, harmoniert es doch miteinander. Die übrigen Farben des Motivs mit ihren bräunlichen Tönen erinnern daran, dass hier nicht einer allein seinen Willen durchsetzen kann, sondern ein Zusammenspiel erforderlich ist. Sobald das erkannt und akzeptiert wird, ist auch die geistige Welt nicht mehr abgeneigt, seinen Segen zu erteilen.

Mit *Zwei Kelche* kann zusammengeführt werden, was zusammen gehört, endlose Diskussionen um wiederkehrende Themen können beendet werden, neue Verträge, Beziehungen, ein Aufschwung, fantastische Begegnungen – all das ist möglich, sofern man bereit ist, auch die Ansichten der Gegenseite zu akzeptieren, sich zu arrangieren, einen Kompromiss zu finden: dann kann mit dieser Karte Frieden geschlossen werden für ein erfülltes Dasein. Von Alleingängen wird hier abgeraten, mit Gewalt kann nichts erzwungen werden, man ist auf das Wohlwollen des anderen angewiesen. Es geht um das Wir-Gefühl, doch nicht nur im Guten: zusammen gehören, zusammen siegen, zusammen etwas schaffen. Aber geht etwas schief, ist auch hier gefordert, auf den anderen zuzugehen und anzuerkennen, dass auch für das Misslingen nicht einer allein verantwortlich war.

*Der gute Rat:*
Sie sind weder unbegabt noch inkompetent, auch wurden Sie nicht dazu verdammt, als ewiger Single zurückzubleiben. Zeigen Sie einfach Teamgeist, öffnen Sie sich für ein Miteinander, gehen Sie auf jene zu, die Ihnen von Bedeutung sind, reichen Sie den kleinen Finger oder nehmen Sie diesen von anderen an.

*Drei Kelche* werden von drei Frauen in die Höhe gehalten, Sterne funkeln um sie herum, ihre Kleidung ist festlich, ihre Körperhaltung zeugt von Kraft, Stolz und Sieg. Ein gerader grüner Balken am unteren Rand lässt sie auf einem stabilen Untergrund stehen, den sie sich selbst geschaffen haben. Hier wurde etwas Wichtiges erreicht und selbst wenn es noch nicht das Endziel ist, wird jedoch für diesen Moment nicht mit Kümmernis auf das Bevorstehende geschaut, sondern dem Erreichten Dankbarkeit entgegengebracht. Das Schwarz lässt erahnen, dass es möglicherweise nicht immer einfach war, doch das tiefe Blau / Violett hat sie trotzdem an ihren Glauben und ihr Vertrauen festhalten lassen und als Lohn darf nun gefeiert werden.

Es ist wie der befreiende Sprung, der nur erst einmal gewagt werden muss, wenn man etwas erreichen möchte. Hier wurde dieser Sprung gewagt und damit die Möglichkeit wahrgenommen, sich aus Unzufriedenheit zu lösen und Klippen zu umschiffen. Manchmal wird der Sprung allein gewagt, manchmal wird man jedoch auch geschubst. Das *Wie* ist dabei aber gar nicht wichtig, sondern lediglich allein die Tatsache, dass es – so oder so – die richtige Entscheidung war. Von daher sollten jene, die geschubst wurden, nicht ärgerlich auf andere sein, sondern Dankbarkeit für den Mut des anderen aufbringen und das Erreichte nun auch gemeinsam feiern. Insgesamt geht es mit dieser Karte um (auch die zurückgewonnene) Freude am Leben, um Erfolg und feste Verbindungen gleich welcher Art. Letztere werden vielleicht so manches Mal weiteren Einsatz erfordern, um aufrechterhalten werden zu können, doch ist es allemal lohnenswert.
Zeit: fast schon da.

*Der gute Rat:*
Bitte nicht maulen oder neidisch in der Ecke hocken. Schließen Sie sich dem fröhlichen Treiben an, feiern Sie mit oder laden Sie zum Feiern ein. Es ist die beste Zeit, seiner Zufriedenheit oder auch Verliebtheit Ausdruck zu verleihen.

*Vier Kelche*, von denen einer umgekippt ist, befinden sich vor einem Mann, auf dem Boden sitzend, die Hände in Namastéhaltung verschränkt. Seine Stimmung scheint ausgeglichen, gesättigt, aber nicht unbedingt zufrieden. Nicht nur die bräunlichen Schattierungen lassen erkennen, dass er sich hier angepasst verhält, keine Motivation zeigt. Gleichwohl erkennbar ist, dass Wein aus einem der Kelche in den Boden sickert, verharrt er in seiner Position und greift nicht ein, um zumindest noch zu retten, was zu retten ist. Hinter ihm zeigen die unruhigen, leuchtenden Farben, dass dieses Arrangement aber nicht sein muss, sondern es immer etwas gibt, was es zu entdecken gilt, das Leben sich aus guten wie schlechten Erfahrungen (rötliche Schimmer), aus Optimismus (rosefarbene Streifen), Hoffnung (grün), Glaube (violett) und Göttlichem (gelb) zusammensetzt.

Mit dieser Karte werden Begriffe wie aufmüpfig, stur, trotzig, gehemmt, furchtsam, Monotonie, ewig gleiche Tretmühle, aber auch Unterforderung im Sinne von *seine Qualitäten unter den Scheffel stellen*, Talente werden nicht erkannt etc. in Verbindung gebracht – dieses kann daraus resultieren, dass dem Fragenden von klein auf ein gewisses Engagement zur freien Lebensentfaltung nicht mit auf den Weg gegeben wurde oder aber im umgekehrten Sinne seine Ansprüche von jeher so hoch geschraubt wurden, dass er verlernt hat, sich auch an den kleinen Dingen des Lebens zu erfreuen, da ihm ohnehin alles in den Schoß fällt. Und was er nicht bekommt, empfindet er als nicht schlimm, dann hält er eben nach dem Nächsten Ausschau. Unter diesen Gegebenheiten kann auch die prickelndste Liebesgeschichte langsam dahin dürren oder es wird versucht nach jenen Früchten zu greifen, die viel zu hoch am Gedeihen sind, statt sich dem zuzuwenden, was einem wirklich entspricht und viel Passender wäre.

*Der gute Rat:*
Verharren Sie nicht in dieser Stagnation, lösen Sie sich aus Ihrer apathischen Haltung. Wenn Sie sich dem zuwenden, was Ihnen vom wahren Herzen entspricht und nicht nur der Befriedigung des Egos dient, können Sie sich zu einem glücklich geschätzten Dasein führen lassen.

80

*Fünf Kelche* bringen mit drei umgekippten Kelchen zum Ausdruck, dass eine Problem behaftete Situation beschrieben wird. Die Person hat sich von den Kelchen abgewandt, hält den Kopf gesenkt, steht regungslos auf einer Stelle. Wenn sie sich umdrehen würde, täte sie die zwei noch stehenden Kelche sehen und würde erkennen, dass hier zwar einiges verloren wurde, doch nicht alles. Der Lebensfluss plätschert indes ruhig weiter; auf der gegenüber liegenden Seite gedeiht die Natur, in weiterer Ferne erhebt sich ein Berg. Auch er verspricht, dass diese Durststrecke, diese Zeit der Kümmernisse nicht von Dauer ist. Je eher sich die Person auf den Weg macht und die den Fluss überquerende Brücke nutzt, desto eher hat er die Gelegenheit zu akzeptieren, was sie wirklich verloren ist, aber auch zu erkennen, dass das Leben trotzdem weiter geht.

Etwas ist zu Ende, wurde verloren, ist fehlgeschlagen, hat nicht sollen sein. Möglicherweise musste man sich auch Belehrungen anhören, wurde getadelt, auf Missstände hingewiesen. Das mag im Moment des Geschehens weh tun und vielleicht auch noch einige Zeit wie eine offene Wunde in einem klaffen, dass man sich am Liebsten von allen und allem zurückziehen möchte. Doch kann der Mensch immer nur eine Seite vom Berg sehen, nämlich jene, auf welche er sich befindet. Ist er jedoch bereit, sich langsam von dieser schmerzvollen Erfahrung zu lösen und den Berg zu umrunden oder sogar zu besteigen, wird er erkennen, dass das Leben wieder lebenswert(er) ist. Nichtsdestotrotz kündigt diese Karte Schwierigkeiten an, Bewerbungen würden mit Absagen beantwortet werden, Versetzungen sind ausgeschlossen, die Arbeit ist einem fast schon zuwider, man macht und tut zurzeit einfach nur, weil es sein muss, doch die Freude ist gewichen.

*Der gute Rat:*
Verfallen Sie nicht in Depressionen, schwelgen Sie nicht in traurigen Gedanken an jenes, was verloren ist, denn es kommt nicht wieder. Schöpfen Sie neuen Mut und halten Sie Ausschau, was das Leben Ihnen sonst noch zu bieten hat.

*Sechs Kelche* zeigen zwei Kinder, die sich zurückgezogen haben von der Stadt in einen wunderschönen Park, welcher sich in sattem Grün (= Hoffnung) präsentiert. Die Beiden sitzen entspannt nebeneinander, scheinen sich auszutauschen, vielleicht reden sie über ihre Träume, was sie einmal sein möchten, welche Wünsche sie haben. Dabei werden sie von den sechs Kelchen eingerahmt. Schemenhaft im Hintergrund beobachtet das Gesicht eines Erwachsenen das Geschehen – und darin liegt die tiefere Botschaft dieser Karte: Es geht hier um das Zurückerinnern an das, was man einmal wollte, welche Wünsche und Träume man als Kind, seinesgleichen in seinem Wesen unschuldig, unbekümmert, frei von Vorurteilen und Ängsten, hatte.

Irgendwann auf seinem Weg ist man abgekommen von jenem Pfad, der einen dorthin bringen wollte, wo man ursprünglich auch hin wollte. Die Karte fordert auf, wiederzuerkennen, was einem wirklich wichtig ist, wo die eigenen Wünsche liegen, welche Träume man noch still und leise in sich trägt, und bittet zu prüfen, was von all dem Sie heute noch erwirken können. Die Begegnung mit Menschen aus lang zurück liegender Zeit ist ebenso möglich wie das Wiederzueinanderfinden mit der einst großen (auch Sandkasten-) Liebe. Es geht um Gemeinsamkeit, Frieden, Kontinuität, angenehme Kontakte, heimische Atmosphäre, ebenso wie um ewige Freundschaften, fantasievollen und schöpferischen Ausdruck (auch beruflich) oder einfach nur um Themen, die mit Kindern zu tun haben. Eine rundherum vorteilhafte Karte – sofern man mit Freude zurückschaut und nicht mit Wehmut nur auf das, was man einst wollte, aber (noch) nicht geschafft hat.
Für all jene, die neue Wege beschreiten möchten, sei der Hinweis erlaubt, sich nicht nur nach dem Verstand zu richten, sondern auch gerne eine Orientierung in Richtung jener Pfade vorzunehmen, die einem wahre Freude bescheren würden.

*Der gute Rat:*
Treffen Sie sich mit Freunden aus vergangenen Zeiten oder wagen Sie einen Blick zurück in Ihre Kinderzeit. Dort liegen Wünsche und Hoffnungen verborgen, von denen das eine und andere sich durchaus noch realisieren lässt.

*Sieben Kelche* stehen stellvertretend für die Fantasien eines Mannes, die dabei umrahmt sind von strahlendem Weiß (= Reinheit, Neubeginn), ihre Anordnung aber selbst von sehr kräftigen und in ihren Aussagen unterschiedlich anmutenden Farben untermalt ist. Der Mann trägt dunkle Kleidung, er demonstriert damit, dass er sich nicht Reinreden lassen möchte, es hier auch nur um ihn und seine Bedürfnisse geht. Jeder Kelch hat hier sein eigenes Attribut, wobei die nackte Frau, welche die Sexualität vertritt, am Deutlichsten erkennbar ist *). Insgesamt sollen die sieben Kelche folgende Merkmale setzen: Bewusstsein, Unterbewusstsein, Weisheit, Sicherheit, Wohlstand, Erfolg und das Organisieren der materiellen wie auch geistigen Inhalte der Kelche miteinander.

Mit den *Sieben Kelchen* geht es um eine Art gedankliche Inventur: nicht alle Wünsche sind realisierbar, nicht alle Träume sinnvoll und oft herrscht im Unterbewusstsein ein heilloses Durcheinander, weil man Heute dieses und Morgen jenes möchte. Es gilt zu differenzieren zwischen „was ist machbar – und was nicht", damit am Schluss wirklich der Lorbeerkranz getragen und der Triumph nach Hause gebracht werden kann. Dazu gehören auch das genaue Hinsehen und das Loslösen von Wunschvorstellungen. So manche Beziehung wird nur noch aus dem Wunsch heraus, dass es gut laufen soll, aufrechterhalten, dabei sieht die Wahrheit schon ganz anders aus. Gleiches gilt für Verbindungen jedweder anderer Art und auch dem Gehen der eigenen Wege. Scheinehe.
Gesundheitlich: Drogenprobleme.

*Der gute Rat:*
Orientieren Sie sich nur an jenem, dem Sie wirklich gewachsen sind. Nach den Sternen zu greifen, kann einen harten Fall zur Folge haben. Öffnen Sie Ihre Augen und seien Sie ehrlich: was ist realistisch und wo wird nur noch so *getan als ob*?

---

*) Die nackte Frau wurde hier gesetzt für die Schlange, welche beispielsweise auf den Rider-Waite-Karten zu sehen ist. Sie steht für Scharfsinn, Weitblick, Weisheit, aber auch Sexualität.

*Acht Kelche* haben sich in zwei Quadrate vor einen Mann gruppiert, der in seinem Ausdruck unglücklich wirkt. Die Hoffnung von einst ist am Verblassen (hellgrüner Schimmer seines Oberteils), sein Optimismus, der Glaube an die Unterstützung der geistigen Welt (rose, violett) sind ineinander verwischt, sich zu arrangieren schien auch nicht gefruchtet zu haben (Füße stehen auf braunem bis schwarzem Untergrund). Er hat wohl alles im Leben (Quadrate = das Irdische) erfahren, Gutes wie Schlechtes gleichermaßen, doch nun wird ihm bewusst, dass er weiter gehen muss, wenn er dem Trott, in welchem er sich befindet, entfliehen möchte. Gerade die ineinander verwischten Farben zeigen, dass er darum weiß, aber noch am Schwanken ist, da er wahrscheinlich dafür vertrauten Boden verlassen muss. Letzten Endes zeigt auch das Weiß, welches sich wie ein Wirbelwind spiralförmig gen Himmel bewegt, dass nur durch Vorwärtsbewegung weiterer Wachstum möglich ist. Da hier gleich zwei Quadrate abgebildet sind, darf davon ausgegangen werden, dass zu sehr am Ego festgehalten wird und man spirituellen / geistigen Ansichten, die auf einen möglichen Neuerungsprozess verweisen, eher ängstlich oder ablehnend gegenübersteht.

Es ist die Zeit gekommen, heimatliches Gebiet zu verlassen oder sich von gewohnheitsmäßigen, gängigen, bisher gebräuchlichen Ansichten oder Dingen zu lösen, da alles viel zu sehr eingespielt nach Schema F verläuft und weiterer Fortschritt so nicht mehr möglich ist. Man mag zwischen den Stühlen sitzen, wenn man „weiter" will, aber das Vertraute nicht hergeben mag. Letzten Endes würde aber, wenn man diesen bisherigen Weg weiter geht, früher oder später ohnehin das Ende kommen und man zum Weitergehen quasi gezwungen. Die Karte steht für Scheidung, für die Suche an einem anderen Ort, für Beendigungen (Verträge, Arbeit, Insolvenz).

*Der gute Rat:*
Wenn Sie spüren, dass sich etwas dem Ende neigt, dann sollten Sie rechtzeitig die Bremse lösen und weiter gehen, denn das hinterfragte Thema wird nicht mehr geheilt. Entledigen Sie sich der Ketten, die früher oder später ohnehin gesprengt werden, und haben Sie Mut, Ihres Weges weiter zu gehen. Denn dieser führt Sie zu Neuem.

*Neun Kelche* stehen hier für das Endziel, doch um das zu erreichen, musste viel geleistet werden. Im Detail: vor dem Mann befindet sich ein Rahmen. Die waagerechten Linien vertreten dabei den Körper, während die senkrechten Linien für den Verstand stehen. Wir dürfen also davon ausgehen, dass hier kontrolliert vorgegangen wurde. Acht der Kelche wurden in Vierergruppen angeordnet, wobei die Zahl vier – ebenso wie ein Viereck – für das Irdische allgemein steht (vier Himmelsrichtungen, vier Jahreszeiten, vier Elemente), aber auch für die vier Temperamente. Dass auch diese dazu gehörten, zeigt das tiefe Rot seiner Kleidung und über die vier Temperamente und Verhaltensweisen finden wir wieder die Verbindung zueinander: der Choleriker wird in Verbindung gebracht mit dem Element Feuer und dem Sommer, der Phlegmatiker mit dem Element Wasser und dem Herbst, der Melancholiker mit dem Element Erde und dem Winter sowie der Sanguiniker mit dem Element Luft und dem Frühling. Hierin eingebunden sind aktive, reaktive aber auch emotionale Phasen, ebenso wie nunmehr der Wunsch nach Nähe (Soziabilität), um sich mit anderen auszutauschen. Der 9. Kelch wird in der rechten (Probleme bewältigen) Hand gehalten, die goldenen Farben zeigen den Erfolg, das Violett erinnert, dass hier verstanden wurde, worum es einst ging.

Es geht ums Feiern, um Gemeinsamkeit, Begeisterung, Frohsinn, Versöhnung und die Gewissheit, für längere Zeit ruhigen Boden unter den Füßen zu haben. Partnerschaften sind von Liebe und Harmonie erfüllt, Singles können ihrem Lebenspartner begegnen, Firmen erhalten Aufschwung oder können sich aus Krisen befreien. Doch all das kann nur erreicht werden, wenn man alle Aspekte des menschlichen Daseins anerkennt, annimmt und für sich verwertet, denn nur, wenn der Körper den Verstand schützt, kann folgerichtig gehandelt werden.

*Der gute Rat:*
Das Leben besteht aus Lachen und Tränen, aus Wonne und Trauer, aus harter Arbeit und freier Zeit, aus Gewinn und Verlust. Alles gehört dazu. Und oftmals sind es die steinigen Pfade, die einen auf die Spitze des Berges führen. Wenn Sie das für sich verinnerlicht haben, können Sie im Leben alles erreichen.

*Zehn Kelche* haben sich kreisförmig um eine Familie angeordnet. Die Menschen stehen nah beieinander, sie demonstrieren Geborgenheit, Wärme, vermitteln das Gefühl von *zu Hause sein.* Sie stehen auf fruchtbarem Land, ihr Haus ist umgeben von leuchtendem Grün / Gelbgrün, die übrigen Farben gerade auch im oberen Abschnitt vermengen den Optimismus, gepaart mit Glaube (violett), manches Mal musste ausgeharrt werden (braun), doch wurde nicht innegehalten, sondern weiter gegangen (grün, Wachstum), sodass diese Familie nun (orange) ihren Platz gefunden hat, an welchem sie das Glück genießen darf.

Die *Zehn Kelche* zeigen eindrucksvoll, dass man erreicht hat, was man erreichen wollte. Der Moment, sich auszuruhen und zu genießen, zurückzuschauen, auf das, was man geleistet hat, ist da. Eine stabile Zeit ist damit angebrochen, man *kann* weiter gehen, muss man aber nicht – und darin liegt der wertvolle Schatz dieser Karte verborgen, in dem kleinen Wörtchen *kann*, während die vielen Karten vorher einen immer eher getrieben und zum Weitermachen angespornt haben. Hier geht es um Sicherheit, Glück, Harmonie, (neues) Zuhause, Hochzeit, Gemeinsamkeit, Solidarität. Man hat seine Schäfchen im Trockenen, weiß, wo man hingehört und an wessen Seite man stehen möchte.

*Der gute Rat:*
Glückwunsch! Sie haben viel erreicht – genießen Sie es. Doch Vorsicht: Das Lebensrad dreht sich weiter. Begegnen Sie dem Leben und Ihren Mitmenschen jetzt nicht mit Desinteresse und verfallen Sie nicht Bequemlichkeit. Ansonsten könnte aus dem Wohlfühlgedanken schnell Langeweile und Apathie entstehen, die einen möglicherweise dazu veranlassen, das aufs Spiel zu setzen, wofür man so hart gearbeitet hat.

86

Der *Bube der Kelche* steht am Strand, balanciert einen Kelch auf ausgestreckter Hand. Sein Ausdruck und seine Körperhaltung sind herausfordernd, gleichwohl aber freundlich. Ein Delfin springt empor aus dem Wellen schlagenden Meer. Delfine spielten schon in der Mythologie eine wichtige Rolle und werden in der Esoterik gerne verwendet, indem sie mit Gefühlhaftem in Verbindung gebracht werden. Doch der *Bube der Kelche* bekommt scheinbar nur wenig mit, was hinter ihm passiert. Stolz steht er am Ufer, das Schwarz seiner Hose und auch des weiteren Strandverlaufs hinter ihm zeigt, dass er (noch) nicht bereit ist, sich tiefer auf das einzulassen, was möglicherweise ihm geboten wird, sondern er eher seinen eigenen emotionellen Empfindungen folgt. Er macht dies nicht aus Trotz heraus; vielmehr fehlt ihm noch das Wissen, die Tragweite dessen, was ihm geboten wird, zu erkennen und den Vorteil daraus zu ziehen.

Es geht um die versöhnlichen Gesten, Momente des Entgegenkommens, des Anerkennens von Gefühlen, selbst Streitigkeiten haben nicht den Sinn und Zweck, zu verletzen, sondern zu helfen. Was hier von sich gegeben wird, ist von Herzen gemeint – ehrlich, offen, frei, ohne Hintergedanken. Einigkeit, Frieden schließen, Übereinstimmung finden. Im geschäftlichen / beruflichen Bereich sind Sonderzuwendungen möglich. Sollte ein neues Arbeitsgebiet zugeteilt werden, darf dieses als Anerkennung der Qualitäten gewertet werden und auf keinen Fall als Demütigung.

*Der gute Rat:*
Zeigen Sie sich von Ihrer emotionalen Seite, lassen Sie sich ein – man meint es gut mit Ihnen. Lediglich Ihre eigene Unfähigkeit, sich dem Gebotenen anzupassen oder den Wert darin zu erkennen, könnte etwas Wertvolles an Ihnen vorbeiziehen lassen.

*Als Personenkarte:*
Eine jüngere (weibliche oder männliche) Person, noch nicht ausgelernt (von Schüler bis Student).
Aber auch ein Mitarbeiter (w / m), bedingungslos zur Seite stehend.
In seinem Wesen gefühlvoll, gedankenverloren, schwärmerisch.
In seinem Aussehen braune Haare, blaue oder braune Augen.

87

*Der Ritter der Kelche* kommt in friedlicher Absicht. Sein Pferd galoppiert nicht, sondern erhebt sich in anmutiger Haltung, zeigt seinen Stolz, seine Körperbeherrschung, ebenso wie sein Reiter, der nicht das Gleichgewicht verliert, sondern sich aufrecht auf dem Rücken des Tieres halten kann, sogar in der Lage ist, in einer Hand noch den Kelch zu halten. Die Karte wirkt insgesamt in seiner Gestaltung wie auch Farbwahl recht harmonisch und friedlich. Der *Ritter der Kelche* zeigt sich von seiner komplett wohlwollenden Seite und das mit einer Leichtigkeit, dass er noch nicht einmal seinem Pferd Zaumzeug umgelegt hat oder gar Waffen zur evtl. notwendigen Verteidigung bei sich führt.

Unbefangen, ungeniert, friedliebend, zutraulich, harmonisch, idyllisch, häuslich, abenteuerlustig – alles Begriffe, die mit dem *Ritter der Kelche* geführt werden. Er mag keinen Streit, keine Gewalt, sondern zieht das entspannte Miteinander vor. Er mag keine Oberflächlichkeit, sondern schaut in die unteren Schichten. Er versteht ohne große Worte, er sieht, ohne dass man ihn auf etwas aufmerksam machen muss. Eine durchweg positive Karte, wenn man Sinn für das Gemeinschaftliche hat.

*Der gute Rat:*
Natürlich ist es ratsam, sich nicht blindlings auf alles einzulassen; doch in diesem Fall dürfen Sie sich von Ihrer lockeren und gelösten Seite zeigen und sich den Visionen anderer anschließen. Niemand möchte Ihnen schaden.

*Als Personenkarte:*
Weibliche oder männliche junge Person (Tochter, Sohn, Nachbar(in), Freund(in)).
In seinem Wesen ausgeglichen, empfindsam, fröhlich.
In seinem Aussehen braune Haare, blaue oder graue Augen.

88

Die *Königin der Kelche* steht in einem ruhigen Gewässer, leicht bekleidet in einem weißen Gewand, auf ihrem linken Handteller hält sie einen Kelch empor, der Hintergrund ist angereichert mit grüner Landschaft und einem Wasserfall. Das helle Blau markiert das weibliche Prinzip und damit ihren Tiefgang an den Dingen des Lebens. Ihre Position im Wasser erinnert an selbiges Element, während die prächtige Landschaft ihre Verbundenheit zur Natur demonstriert. Die Weißausmischungen des Gewässers mögen Hinweis sein, dass sie auch anderen Temperamenten und den Eigenschaften anderer Elemente offen gegenüber eingestellt ist, gleichwohl ist sie eher die Frau, die die leiseren Töne anschlägt und für die Vertrauen wichtig ist. Das Weiß ihres Gewandes zeugt von Reinheit, manchmal auch zu viel Vertrauen, während das ihre Beine umspielende Türkis Hinweis ist, dass gerade deswegen die Gefahr besteht, dass sie leicht angreifbar ist.

*Die Königin der Kelche* kann folgende Personen repräsentieren:

➢ Eine Frau, in ihrem Auftreten gefühlvoll, verschwiegen, romantisch, mit spirituellem Verständnis,
➢ die Partnerin eines Fragestellers,
➢ die Mutter oder Schwiegermutter,
➢ die Konkurrentin (als Geliebte ebenso wie als Kollegin am Arbeitsplatz), dabei Vertrauen erschleichend ins Geschehen rückend,
➢ aber auch einen Mann, wenn dieser eher der gefühlvolle und in sich gekehrte Typ ist.

In ihrem Wesen ist die *Königin der Kelche* spirituell, verschwiegen, rücksichtsvoll, unaufdringlich, ehrlich, aber auch verwundbar, zart besaitet.
In ihrem Aussehen mit dunkelblonden oder auch hellbraunen Haaren, blaue Augen.

*Hinweis:*
Entweder ist es die / der FS selbst oder eine Person mit den Wesenzügen der Königin der Kelche.

89

Der *König der Kelche* steht an der Reling eines Schiffes, in der linken (hin und her schwanken) Hand einen Kelch haltend, dabei einen Delfin beobachtend, der spielerisch im Wasser seine Bahnen zieht. Sein Szepter hat er abgelegt. Das dunklere Blau des Meeres und seines Anzugs zeigt seine Hilfsbereitschaft und Neigung, sich um andere zu kümmern bzw. sorgen, dabei hat er aber den Kelch so fest umgriffen und sein Szepter griffbereit liegen, dass er sich nicht von seinen Gefühlen überrumpeln lassen würde, er lediglich andere an seiner Weisheit, seinem Wissen teilhaben lässt, doch man fruchtbaren Boden (Hintergrund) nur dann betreten wird, wenn man seine Gefühle allzeit (Szepter in der Nähe liegend) unter Kontrolle hat und sich nicht zum Spielball seiner eigenen oder der Emotionen anderer macht.

Der *König der Kelche* kann folgende Personen repräsentieren:

➢ Einen Mann, in seinem Auftreten gefühlsbetont, hilfsbereit, gefällig, entgegenkommend,
➢ den Partner einer Fragestellerin,
➢ den Vater oder Schwiegervater,
➢ den Konkurrenten (als Geliebter ebenso wie als Kollege am Arbeitsplatz),
➢ einen Mediziner oder Heiler, Künstler, Kirchendiener,
➢ aber auch eine von ihren Emotionen beherrschte Frau.

In seinem Wesen ist *der König der Kelche* romantisch, sorgend, kümmernd, emotional, stellt in seiner aufopferungsvollen Haltung aber sich selbst manches Mal zurück.
In seinem Aussehen mit blonden oder rötlichen Haaren, blaue Augen.

*Hinweis:*
Entweder ist es die / der FS selbst oder eine Person mit den Wesenzügen des Königs der Kelche.

90

# Satz der Münzen

Das *Ass der Münzen* ist zweifelsohne die Karte, welche die kostbarste Chance für einen Fragenden prophezeit. Auf allen Münzen findet sich ein Fünfstern, deren vier Ecken für die Elemente und das Selbst stehen. Der orangefarbene Streifen belebt die Stimmung, die bläulichen Schattierungen, unterbrochen von einem weißen Streifen, bevor sie ins Violette übergehen, lassen keinen Zweifel, dass all das, was einen im Moment noch behindert, bewältigt wird, zumal die blühenden Lilien für Frieden stehen ebenso wie Zufriedenheit, Schönheit und Eintracht. Das *Ass der Münzen* bietet die Chance, innerlich zu wachsen und äußerlich zu Wohlstand zu gelangen.

Diese Karte ist kaum zu überbieten. Das, was mit ihr angekündigt wird, ist kostbar und beständig. Sie vertritt Begriffe wie Vermögen, Begehren, erfüllende Sehnsucht. Allerdings sollte tunlichst davon Abstand genommen werden, diese wirklich außergewöhnliche Chance mit Gleichgültigkeit oder Undankbarkeit zu vertun. In partnerschaftlicher Hinsicht wird eine liebevolle wie auch leidenschaftliche Beziehung untermauert, Freunde gehen mit einem durch Dick und Dünn, auf der Arbeit erwarten einen Zuwendungen außer der Reihe. Alles, worauf man hingewirkt oder hingearbeitet hat, wird sich erfüllen: entweder genau dort, wie man es ursprünglich einmal wollte, oder indem einen noch etwas Besseres geboten wird.

*Der gute Rat:*
So mancher Lottomillionär wurde schon zum Sozialfall. Nehmen Sie diesen Satz als Erinnerung, wenn Sie dazu neigen, aus dem Kostbaren, welches sich Ihnen bietet, nur zu schöpfen, anstatt mit Achtung das Beste daraus zu machen. Auch, wenn diese Chance wertvoll ohne Gleichen ist, sollten Sie sich nicht dazu verleiten lassen, fortan nur noch die Füße auf den Tisch zu legen.

*Zwei Münzen* werden von einer Frau versucht, innerhalb einer Lemniskate in ihren Spuren zu halten, damit weder die eine noch die andere zu übermächtig wird. Die Kontraste der Karte zeigen eindrucksvoll, dass es hier durchaus um Gegensätze gehen kann, die miteinander in Einklang gebracht werden möchten: das Blau steht für das Geistige, aber kaum jemand ist so geistig rein, dass er nicht auch mal Buße und Reue (violett) zeigt, der Boden ist in Weiß und Schwarz unterbrochen, ebenso wie der Anzug der Frau einerseits dunkel und andererseits weiß ist. Es erfordert ihre Konzentration und ihr Geschick, die Münzen hin und her rollen zu lassen. Doch bei allen Bemühungen ist aus ihrer Haltung auch erkennbar, dass sie in gewisser Weise Gefallen daran gefunden hat.

Wird als Antwort diese Karte gezogen, sollte man sich weder auf das Eine noch auf das Andere festlegen, sondern vorerst sich noch damit begnügen, alle Für und Wider gegeneinander abzuwägen und zu prüfen, ob die Vor- oder doch die Nachteile überwiegen würden. Es geht um das Auf und Ab insgesamt: heute gute Laune – morgen depressiv, heute Sieger – morgen Verlierer, heute unabhängig – morgen unfrei. Doch haben alle eines gemeinsam: es liegt an dem Fragenden selbst, inwieweit er sich hier auf das geschickte Ausbalancieren der Gegensätze einlassen kann, ohne sich dabei unter Druck zu setzen oder entgegen seinen normalerweise gelebten Einstellungen zu handeln. Der Partner oder auch Freunde sind zwar für einen da, doch braucht hier auch jeder seinen eigenen Freiraum, Verträge sollten zu diesem Zeitpunkt noch nicht geschlossen werden, weil man weder alle Hintergründe kennt noch die langfristige Entwicklung abschätzen kann.

*Der gute Rat:*
Zeigen Sie sich flexibel und reaktionsfähig, ohne dabei gegen Ihre eigenen Einstellungen zu handeln. Doch sollte jetzt noch keine Entscheidung getroffen werden – weder Dafür noch Dagegen. Wer Ihnen heute gut gefällt, könnte schon Morgen Abneigung in Ihnen hervorrufen. Wer Ihnen heute missfällt, könnte hingegen Morgen schon zu jenen gehören, denen Sie Ihr Vertrauen schenken möchten.

94

*Drei Münzen* gewähren Einblick in zwei Räumlichkeiten, voneinander getrennt durch einen steinernen Bogen. Während auf der linken Seite noch ein Lehrbub sitzt, der versucht, alles bisher Erlernte zur Zufriedenheit seines Lehrherrn praktisch anzuwenden, sein Wissen womöglich in diesem Moment durch eine abzulegende Prüfung versucht unter Beweis zu stellen, sitzen gegenüber jener Lehrherr und eine weitere Person. Es wird davon ausgegangen, dass es sich bei der weiteren Person um den Auftraggeber handelt, mit welchem der Lehrherr die bisherigen und weiteren Arbeiten bespricht. Das Schwarz des Gewölbes im Bogen lässt die Frage offen, ob der Prüfling tatsächlich schon genug gelernt hat, die Chancen stehen allerdings 50:50, denn das Grau des Bodenbereichs wie auch des gemauerten Pfostens stehen weder für ein klares Ja noch Nein.

Diese Karte vertritt die drei L: ein Leben lang lernen. Es sind die Erfahrungen schlechthin, die einen geprägt haben und es liegt an einem selbst, was man aus ihnen mitgenommen hat und inwieweit man bereit ist, sie anzuwenden. In jedem Fall gibt diese Karte den Hinweis, dass die hinterfragte Situation gelindert oder gar gelöst werden kann, wenn man den Mut hat, sich auf sein Wissen zurückzubesinnen. Hier geht es um das Ausprobieren dessen, was bisher gelernt wurde, ums Erkennen, über welche(s) Kunstfertigkeiten, Können oder Wissen man verfügt, um dieses einzusetzen, oder auszutesten, inwieweit es noch weiteren Lernens bedarf. Es geht um Befähigung und Eifer, doch bitte nicht gleichzusetzen mit Rastlosigkeit, Machtwahn und lustlosem Vollführen. Innerhalb Partnerschaften/Freundschaft gilt es, eben diese auf einer besseren Ebene weiter zu führen, sofern man überhaupt nach schmerzvollen Erfahrungen der Vergangenheit schon zu einer solchen bereit ist. In beruflicher Hinsicht kündigt diese Karte für Lernende (Abschluss-) Prüfungen an oder aber für Weiterstrebende das Demonstrieren fundierten Wissens, um für einen höheren Posten die nötigen Qualitäten unter Beweis zu stellen.

*Der gute Rat:*
Es ist noch kein Meister vom Himmel gefallen, vertrauen Sie auf Ihre Befähigung, folgen Sie mit beharrlichem Eifer Ihrem Weg. Stellen Sie Ihr Licht nicht unter den Scheffel; doch tun Sie nichts, wenn es Sie nicht mit Freude erfüllt.

*Vier Münzen* werden auf den ausgestreckten Armen und Fußrücken versucht im Gleichgewicht zu halten, die Perspektive der Person lässt sie größer erscheinen als beispielsweise ein Hochhaus weit im Hintergrund, womöglich soll damit angezeigt werden, welch materieller Reichtum in ihrem Besitztum liegt, während sie auch über geistiges Wissen (Dreieck über ihrem Kopf, Verbindung zum Göttlichen) verfügt. Doch ihre Körperhaltung scheint Außenstehenden anzukündigen, dass sie ihnen den Weg versperrt, nicht möchte, dass Andere daran teilhaben. Allerdings verfinstert diese Einstellung schon anhand der dunkleren Farben die Stimmung und sie würde früher oder später viel Reue und Buße tragen, weil sie hier nicht bereit ist, zu teilen und sich dadurch auch selbst die Möglichkeit nimmt, weiterhin schaffend und aneignend durchs Leben zu gehen.

Bei dieser Karte sollte man weder Geld verleihen noch anlegen, es würde unwiederbringlich verloren sein. All jene, die dazu neigen, ihr Geld mit vollen Händen auszugeben, sei empfohlen, sparsamer zu sein. Auf der anderen Seite ist es durchaus lobenswert, wenn man das Erschaffene versucht zu schützen, allerdings kann das ständige Schützen und Bewachen dazu führen, dass man vom Leben an sich nicht mehr so viel mitbekommt. So vertritt diese Karte Begriffe wie Anhänglichkeit, klammern, Besitzanspruch, nicht Loslassen können oder wollen, doch sollte darunter nicht die Lebensbejahung zurückstecken. Partnerschaften und Verträge werden meist nur noch aufrechterhalten, weil sie einen gewissen sicheren Rahmen bieten. Die Liebe oder die Freude am Tun ist aber meistens schon auf der Strecke geblieben, da andere Prioritäten gesetzt wurden. Engagement wird häufig dann gezeigt, wenn das anvisierte Ziel ausschließlich dem eigenen Nutzen dient, man das größte Stück vom Kuchen bekommt.

*Der gute Rat:*
Im Grunde genommen wissen Sie genau, wie Sie andere von sich überzeugen können und bekommen, was Sie begehren. Auf der anderen Seite muss man nicht immer alles im Leben haben, zumindest nicht der einzige Nutznießer sein. Erschaffen und Sparsamkeit können durchaus lobenswert sein, doch Geiz und Egoismus zerstören die eigene Lebensfreude.

96

 *Fünf Münzen* als Karte von Problemen zeigt in seiner Analyse eindrucksvoll, dass man diese Situation nicht alleine durchstehen muss. Drei Menschen sitzen im tiefen Winter auf einer Bank, zwei von ihnen dabei eng aneinander, gegenseitig wärmend, während der Dritte sich abseits hält, sich versucht selbst zu wärmen, deutlich seine Distanz zeigt. Bei genauerem Betrachten müsste aber keiner von ihnen frieren oder sich allein fühlen, denn: die fünf Münzen sind in einem Fenster aufgereiht, dessen Rahmen rot und bräunlich schimmert (= egal ob guter oder böser Mensch, ein Ort, an dem alle gleich sind, niemand be- oder verurteilt wird), hinter den Münzen finden sich farbliche Streifen in Rosé (= Optimismus), Orange (= Zufriedenheit), Grün (= Hoffnung). Es liegt an den Dreien selbst, sich der Hilfe, die sich in diesem Gebäude befindet, zuzuwenden.

Hinter dieser Karte verbergen sich Deutungen wie Armut, Unglück, Bedürftigkeit, Kummer, Nöte, Unentschiedenheit, Unbestimmtheit, Furcht, Scheu, Risiko. Doch egal, wie bedrückend die Lage auch ist, so erläutert sie auch, dass Hilfe zu finden möglich ist, wenn man sich ihr zuwendet, statt den Rücken zu kehren. Dazu gehört zum einen das Anerkennen der tatsächlichen Situation und dann das Handeln: wo keine Gefühle mehr sind, sollte eine Beziehung nicht mehr aufrechterhalten werden, wer in guten Zeiten eng beieinander war, sollte sich auch in schlechten Zeiten die notwendige Unterstützung geben. Wird hier allerdings nach einer bestimmten Person gefragt oder nach dem Gelingen geplanter Aktivitäten, sind die *Fünf Münzen* als ablehnende Auskunft zu werten.
Durchaus kann diese Karte auch auf Menschen hinweisen, die von der Gesellschaft ausgeschlossen, nicht anerkannt werden, zu Randgruppen zählen.
Zeit: Längerer Abschnitt.

*Der gute Rat:*
Ziehen Sie sich nicht komplett zurück, sondern stellen Sie sich der Situation mit all Ihren Emotionen. Gehen Sie auf jene zu, von denen Sie der Situation angemessene Hilfe erwarten können, weil sie für Ihr Anliegen zuständig sind. Es führt Sie nicht direkt ins Glücksobergeschoss, aber könnte Ihnen für den Abschnitt, der vor Ihnen liegt, erleichternde Umstände bieten.

97

 *Sechs Münzen* umrahmen eine Frau, die auf einer Violine spielt, in ihrer Melodie völlig versunken hält sie die Augen geschlossen. Die Violine wird gerne in Erzählungen als verzauberndes Instrument gewählt, dessen Klängen man sich auf mystische Weise nicht zu entziehen mag. Und so gelingt es dem Musikspiel auch hier, das viele Schwarz langsam aufzulösen und Platz zu machen für das Helle, Klare, Leuchtende, die Hoffnung, den Weg hin zum Gelingen. Doch geschieht dieses nicht von Jetzt auf Gleich, sondern setzt für den Fragenden – hier repräsentiert durch die Virtuosin – voraus, Beständigkeit zur Tugend zu machen, doch bei aller Zielausrichtung auch zu prüfen, vor welchem Gesichtspunkt es wirklich dienlich ist oder nur missbraucht wird, um seine Macht zu demonstrieren, um anderen ihre Schwächen vorzuspiegeln (Farbe Schwarz, das Dunkle).

Es geht um das angepasste Verhalten, um das Herstellen eines notwendigen Gleichgewichts: Ist jemand in der Lage zu schenken, (abzu)geben, vergeben etc., sollte er dieses bedingungslos tun. Ist hier jemand in die Situation geraten, um Unterstützung zu bitten, dann aus der Erkenntnis heraus, aufgrund eigener Fehler gefallen zu sein und nicht, weil ihm das Leben böswillig ein Bein gestellt hat. Zusammenfassend sollen sich Hilfe gewähren und um Hilfe bitten ebenso die Waage halten wie das ausgewogene Miteinander in partnerschaftlichen oder freundschaftlichen Verbindungen. Das Einsehen von Fehlern hat etwas mit eigener Güte zu tun, die es einem ermöglicht, schneller Hilfe zu erfahren, als wenn man mit Arroganz auftritt. Beifall (auch im übertragenen Sinne für Lob, (finanzielle) Zuwendungen u.ä.) erhält allerdings nur, wer konsequent die Wege beschreitet, auf welchen er die nötige Erfahrung sammeln kann.
Liegt zum Zeitpunkt der Fragestellung ein finanzieller Engpass vor oder ein emotionales Tief, darf davon ausgegangen werden, dass es nicht lange währen wird.

*Der gute Rat:*
Hochmut kommt bekanntlich vor dem Fall. Egal ob Hilfe gebend oder nehmend, vergessen Sie nie, dass sich das Blatt im Leben ganz schnell wechseln kann und man plötzlich auf der anderen Seite steht.

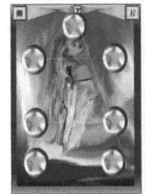

*Sieben Münzen* haben sich einmal in Form eines Dreiecks (= das Universum, Göttliche) und eines Vierecks (= das Leben, das Irdische) um eine Frau positioniert, die ihrerseits sich eine Pause zu gönnen scheint, ruhig dasitzt, entspannt zurückgelehnt, die Augen geschlossen. Ihr Gesichtsausdruck verrät Müdigkeit, Erschöpfung, doch das lichter werdende Violett lässt sie wissen, dass sie zumindest schon ein gewisses Maß dessen, was sie wollte, erreicht hat. Da sich das Geistige über das Körperliche angeordnet hat, muss aber auch diese Karte dergestalt interpretiert werden, dass etwas noch nicht vollkommen ist und geklärt werden muss, woran es gelegen haben mag.

So wie bei einer Diät manches Mal der Zeiger der Waage nicht mehr für einen einzigen Gramm nach unten gehen mag, so sehr man sich auch bemüht und abstrampelt, es scheint nichts voranzugehen, so ermuntert diese Karte zum einen zum Durchhalten und Weitermachen, zum anderen fordert sie aber auch auf, zu schauen, womit der Stillstand möglicherweise zusammenhängen kann. Manches Mal wird dabei das Ego zu hoch positioniert, Ungeduld behindert den Weg, man beschäftigt sich mit Dingen, die man lieber anderen überlassen sollte, während seine eigenen Fähigkeiten doch viel sinnvoller anderswo wären. Kurz: das Leben des Fragenden ist schier ewigem Wachstum unterlegen: vor dem Hintergrund negativer Angelegenheiten geht es ums Prüfen, vor jenem negativer Verbindungen und Situationen darum, dass es schöner, besser, intensiver werden kann. Doch wenn die Zeiger der von Ihnen gewählten Messlatte stehen geblieben sind, versuchen Sie nicht mit Gewalt und mit Handlungen entgegen Ihren normalerweise gewählten Absichten etwas zu manipulieren, denn Fehler sind dazu da, um aus ihnen zu lernen, es künftig besser zu machen.
Gesundheit: Schwangerschaft.
Zeit: Geduld ist gefragt.

*Der gute Rat:*
Setzen Sie Ihr Ziel nicht zu hoch, dann wird ein Rückschlag nicht so schmerzvoll sein. Überprüfen Sie Ihre Absichten, Ihre Möglichkeiten, gehen Sie weiter – und vor allen Dingen stecken Sie nicht den Kopf in den Sand, wenn vermeintlich *mal nichts mehr geht*. Es wird, haben Sie Geduld, doch verfallen Sie auf keinen Fall in Tatenlosigkeit.

*Acht Münzen* haben sich um einen Schneider gruppiert, welcher gerade Stoff vernäht, während seine Kundschaft geduldig wartet; um sich deren Blicke zu entziehen, ist er in einen Hinterraum gegangen, um in Ruhe die angefangene Arbeit zu vollenden oder nachzubessern. Hier kann ihm niemand auf die Finger gucken oder mit Kommentaren stören. Dass ihm seine Arbeit gelingen wird, zeigen die orangefarbenen Streifen an dem tragenden Balken ebenso wie das dunkle Rosé des Stoffes als Farbe der positiven Einstellung. Das Blau seines Hemdes verrät, dass er auf seine Intuition vertraut, die Bedürfnisse seiner Kundschaft zufrieden zu stellen, das Weiß begründet seine Gelassenheit beim Tun frei von negativen Stimmungen. Seine Mimik ist freundlich.

*Acht Münzen* werden in Zusammenhang gebracht mit Einsatzbereitschaft ohne Zwang, Eifer, Fleiß aus Spaß an der Freude, Liebe zum Detail, ohne sich im selbigen zu verlieren, Bereitschaft zum Weitermachen, es geht um Ordnung, Ehrlichkeit und Moral und berufsbedingt u.U. auch um den Hinweis, sich auf eine Fachrichtung zu spezialisieren. Wer diesem folgt, kann durchaus erfolgreich seinen Weg weiter gehen; doch für all jene, denen es an Emsigkeit und Eifer mangelt, sich stattdessen in ihrer Eitelkeit verlieren, wird es das große Erwachen nicht geben, sie werden auf ewig *klein* bleiben, Dinge verrichten, denen sie normalerweise längst entwachsen sind. Bei Fragen nach zwischenmenschlichen Beziehungen geht es um das Miteinander, das Aufleben lassen der Liebe, um Taktgefühl, Wachsamkeit und gegenseitige Wertschätzung. Sowohl das Verlieben in jemand Neues als auch das Aufflackern einer vergangenen Liebe ist durchaus möglich. Doch wäre es dann wie ein neues, vorsichtiges Kennen lernen.
Zeit: Längerfristig.

*Der gute Rat:*
Sie müssen nicht wie ein eitler Pfau ein Rad schlagen oder sich mehr aufhalsen, als Sie tatsächlich bewältigen können. Bleiben Sie sich selbst treu und in Ihren Ansichten und Ihrem Handeln rechtschaffen und geradlinig, dann kommt der Erfolg von ganz allein.

100

*Neun Münzen* wurden wie eine Pyramide gestapelt vor eine Frau, die in dunkler Nacht draußen steht, also zu einer Zeit, die vornehmlich der Ruhe dienlich ist, dabei in ein gelb-goldenes Kleid gehüllt, dessen Farben die stattgefundene wie erhoffte Entwicklung repräsentieren. Auf ihrem rechten Arm (= Probleme wurden gemeistert) ruht ein Jagdvogel; er macht keinerlei Anstalten, noch einmal in dieser Nacht auf Nahrungssuche zu gehen. Analog zu der Aussage, dass es ihm nicht an Nahrung mangelt, er keinen Hunger zu stillen hat, hat auch er bekommen, was er benötigte. Der Gesichtsausdruck ist aufmerksam, aber nicht angespannt, die Stimmung wirkt insgesamt friedlich. In Dankbarkeit, dass erreicht wurde, was ursprünglich erhofft war, streckt die Frau ihren Arm, um den Vogel auf einem der Äste abzusetzen.

*Neun Münzen* gehört mit zu den Glückskarten – etwas wurde erreicht, bewältigt, abgeschlossen, und das recht erfolgreich. Dieses vor allen Dingen aber nur deshalb, weil man rechtschaffen seine Pläne verfolgt hat, geradlinig sich erarbeitet hat, was nun zu Füßen liegt, die Pause der Erholung einem mehr als zusteht. Diese Karte symbolisiert (auch existentielle) Sicherheit, Hochachtung, Ehrfurcht, das wohl überlegte Tun, alles, was Gestern noch Grau in Grau war, wird sich ab sofort erhellen. Doch Achtung: dauerhafter Erfolg wird nur jenen zuteil, die ihre Mitmenschen nicht in Klassen einteilen und anderen die Achtung entgegenbringen, die sie für sich selbst auch erwarten.
Gesundheit: Schwangerschaft.
Zeit: Ende des Winters / Frühlingsanfang.

*Der gute Rat:*
Sie kommen hin, wohin Sie wollen - auch wenn es ein wenig länger dauert. Lernen Sie sich selbst wertschätzen und auch die Menschen, die Sie umgeben. Erfreuen Sie sich am Leben und was es Ihnen bietet, leisten Sie sich etwas. Doch bei aller Lebensfreude – strapazieren Sie die Grenzen des Möglichen nicht über, denn nicht alles, was man erhält, ist selbstverständlich.

101

*Zehn Münzen* umrahmen eine Familie, die ihr persönliches Reich mit so viel Liebe und Glück angereichert hat, dass es nicht mehr zu überbieten ist: saftiges Grün (= Wachstum, Hoffnung) tragender Grund auf welchem ihr Zuhause steht, angemalt in den Farben der erfüllten Hoffnung und des Einklangs (gelb, orange) sowie des Friedens (weiß). Dem Turm, symbolisch für Zeiten des Engpasses, der Not und des Alleinseins, haben sie den Rücken zugedreht. So drückt die Karte also nicht nur den materiellen Reichtum aus, sondern auch den emotionalen, geistigen und spirituellen. Doch egal, wie vermögend – in welchem Sinne auch immer – man ist: man darf und sollte weiter aus dem Angebot schöpfen, denn hier wird von einem stabilen Boden aus gehandelt.

Man hat sich etwas erschaffen, worauf man mit Stolz blicken kann – doch hört deswegen das Lebensrad nicht auf sich zu drehen. Der Reichtum, der hier erfahren wurde, kann unterschiedliche Bereiche betreffen: materiell, emotional, spirituell, geistig. Aber was immer es betrifft, es ist nicht alles, es gibt noch so viel mehr. Mit dieser Karte wird das Hab und Gut repräsentiert, aber auch die Aufgaben und Verpflichtungen, die u.U. damit verbunden sind, es geht um Vermehrung und Bildung von Eigentum. Dieses stabile Fundament sollte um Nichts in der Welt gefährdet werden. Es ist der Nährboden, von welchem aus weitere Unternehmungen gestartet werden können, aber in Zeiten, die nicht so rosig verlaufen, immer wieder einen sicheren Zufluchtsort bietet. Grundsätzlich haben wir mit den *Zehn Münzen* eine Bereicherung: sei es in Form einer wunderbaren Partnerschaft, im Kennen lernen von fremden Menschen, durch gute Verträge, durch Lernen neuer Fähigkeiten, Ausweiten eigener Qualitäten,. Gesundheit: Schwangerschaft.

*Der gute Rat:*
Seien Sie stolz auf das, was Sie sich erschaffen haben, doch leben Sie es in einem ausgewogenen Verhältnis: halten Sie nicht zu sehr dran fest, doch setzen Sie es auch nicht aufs Spiel. Pflichtgefühl und Pflichtbewusstsein gehen mit dieser Karte einher, doch weder das eine noch das andere fordert von Ihnen, nur noch Verpflichtungen nachzukommen und andere Möglichkeiten dadurch zu verpassen. Öffnen Sie Ihr Blickfeld – denn die Welt bietet noch vieles mehr, was Sie sich zueigen machen können.

*Der Bube der Münzen* hält wie entzückt eine Münze erhoben in seinen Händen, schaut gespannt, welcher wertvolle Gehalt in ihr stecken mag. Die Umgebung, in welcher er in lockerer Haltung steht, gleicht einem Waldgebiet, nichts auf der Karte deutet auf Ungereimtheiten oder negative Einflüsse hin – im Gegenteil: gerade das Grün ist die Farbe der Hoffnung und des Wachstums, das Orange verbirgt das Glück ebenso wie den Mut, wertvolle Chancen anzunehmen, um (Farbe Gelb) die reichen Erkenntnisse aus ihnen zu ziehen. Der Bube ist noch jung an Jahren, in einem Alter, sich neugierig den Möglichkeiten zu widmen, die ihn auf seinem Weg weiter bringen werden.

Dem Fragenden wird die nötige Rückenstärkung gewährleistet, Worten folgen Taten, durch Beistand kommt man vorwärts, wo immer es zurzeit auch stocken mag. Buben möchten und müssen – da noch jung – lernen, um aus diesem Prozess äußerst Gewinn bringend herausgehen, denn er übersetzt die Theorie in die Praxis und schafft sich das, wovon andere nur träumen. Allerdings muss ihm auch manchmal noch Einhalt geboten werden, da er u. U. dazu neigt, sich auf Gebiete einzulassen, die nicht seinen persönlichen Qualitäten entspricht. Doch genau dafür steht diese Karte – dass man auf jenen Weg gebracht wird, der einem dienlich ist. Werden Angebote unterbreitet oder Verbindungen eingegangen, dann ist man häufig noch zu unerfahren oder noch nicht bereit, um zu sehen, welche wahren Chancen sind dahinter verbergen und wie bereichernd sie für das Leben sein können.

*Der gute Rat:*
Nutzen Sie Ihre Begabung dort, wo sie liegt und verschwenden Sie Ihre Befähigung nicht, wo es für Sie keinen Sinn macht. Lernen Sie aus dem, was Ihnen das Leben bietet, auch wenn es unverhofft kommt.

*Als Personenkarte:*
Eine jüngere (weibliche oder männliche) Person, noch nicht ausgelernt (von Schüler bis Student), eine Freundin oder ein Freund ebenso wie – je nach Fragestellung – ein (Nachrichten-) Bote bzw. Übermittler.
In seinem Wesen noch in einer Lernphase, intelligent, begnadet.
In seinem Aussehen dunkle Haare.

103

*Der Ritter der Münzen* demonstriert mit seiner geraden Körperhaltung auf dem Rücken seines edlen Pferdes, ebenfalls in achtvoller Haltung inmitten einer friedvollen Natur stehend, dass er in versöhnlicher Absicht kommt. Er hält eine Münze in der Hand, doch gilt sein Augenmerk wohl jemand anderem, der noch nicht auf der Karte sichtbar ist, dem er möglicherweise diese Münze als Zeichen verdienter Leistungen schenken möchte. Sein Pferd trägt eine wertvolle Decke unter dem reich geschmückten Sattel. Der Gesamteindruck der Karte bestätigt eindrucksvoll das ausgeglichene, überlegene, aber auch willensstarke Wesen des Ritters.

So wie der Ritter sich das teure Geschirr für sein edles Pferd erarbeiten musste und sich in seiner Haltung und seinem Auftreten durch nichts aus der Ruhe bringen lässt, sollte ein Ratsuchender die mit dieser Karte verbundenen Begriffe wie Geduld, Emotionen, Persistenz zu seinen Tugenden machen und sich durch nichts und niemanden beirren oder verwirren lassen, sondern seine Ansichten und sein Vorhaben mit freundlicher Beharrlichkeit verteidigen. Doch geht es hier um das Erschaffen aus eigenem Handeln heraus und nicht um das, was manchem in die Wiege gelegt wurde oder sich mal einfach so erkauft wird, weil der Geldbeutel es erlaubt. Letzteres würde jegliches Engagement im Keim ersticken und keine Früchte tragen. Es geht um Zuverlässigkeit und um weiteren Fortschritt, Situationen / Beziehungen sind durchaus noch verbesserungswürdig und können optimiert werden bis hin zum professionellen Agieren bzw. einer harmonischen Beziehung.
Zeit: Langfristig, über viele Jahre.

*Der gute Rat:*
Gehen Sie gewillt und geduldig vor, tun Sie, was getan werden muss, von Ihnen erwartet wird, und üben Sie Nachsicht, wenn nicht alles so schnell vorankommt wie erhofft, doch halten Sie sich aus korrupten Manipulationen heraus und verfallen Sie nicht in Leichtsinnigkeit.

*Als Personenkarte:*
Weibliche oder männliche junge Person. Fachmann, Coach, Mentor.
In seinem Wesen aufrichtig, ausdauernd, beharrlich, friedfertig.
In seinem Aussehen dunklere Haare.

 *Die Königin der Münzen* hat sich auf eine weiße (= Reinheit, Neubeginn) Unterlage gekniet an einem stillen Ort, welcher einer Oase inmitten eines prächtigen Naturgebietes gleicht, so farbenfroh und voller Fruchtbarkeit und Wachstum steckt, durchgezogen wird vom plätschernden Fluss, dass man sich kaum einen friedvolleren Ort vorstellen mag denn diesen. Sie hält die Münze in ihren Händen, schaut sie gedankenverloren an. Sie hat sich diese Ruhe verdient. Sie weiß, wie man das Beste aus seinem Leben machen kann, sie konzentriert sich nur noch auf jene Dinge, die bereichernd ihr Dasein erfüllen. Dabei ist sie von Güte erfüllt, dass sie bedingungslos anderen hilft, auf ihrem Weg weiterzukommen, geduldig erklärt, wieso – weshalb – warum Dinge passieren (müssen).

*Die Königin der Münzen* kann folgende Personen repräsentieren:

- Eine Frau, in ihrem Auftreten bodenständig, selbstbewusst, wohlhabend, mütterlich, meist gebunden,
- die Partnerin eines Fragestellers,
- die äußerst aufs Wohl der Familie bedachte Mutter oder Schwiegermutter,
- die Konkurrentin (als Geliebte ebenso wie als Kollegin am Arbeitsplatz),
- eine Frau, die evtl. in einem typischen Männerberuf brilliert,
- aber auch einen Mann, dessen Tun eher darin liegt, das bereits Erschaffene zu verwalten, anstatt es zu mehren.

In ihrem Wesen ist die *Königin der Münzen* mütterlich, aufgeschlossen, duldsam, tolerant, gibt gerne, besitzt handwerkliches Geschick.
In ihrem Aussehen mit eher dunkleren Haaren.

*Hinweis:*
Entweder ist es die / der FS selbst oder eine Person mit den Wesenzügen der Königin der Münzen.

105

Auch *Der König der Münzen* hat es sich in der Natur gemütlich gemacht, aber wohl eher in einem angelegten Park (Statue einer tanzenden Frau im Hintergrund), hält sein Szepter in der rechten und die Münze in der linken Hand. Sowohl Szepter als auch der Widderkopf gelten als Symbole der Fruchtbarkeit und des Wachstums, die roten Trauben am Rande seines Sitzplatzes spiegeln seine Genussfähigkeit wider. Er hat (Blauschattierungen seiner Kleidung) sowohl das weibliche wie auch männliche Prinzip in Einklang gebracht und viel erreicht, doch seine legere, ungezwungene Haltung erlaubt den Glauben, dass er sich immer daran erinnern wird, woher er kam, was er einmal war und in diesem Gedanken daran niemals vergessen wird, dass nicht alle das erreichen können, was er heute sein Eigen nennt, und wird u. U. sogar die Ärmeren und Schwächeren unterstützen.

*Der König der Münzen* kann folgende Personen repräsentieren:

➢ Einen Mann, in seinem Auftreten realistisch, aufmerksam, klug entscheidend und handelnd,
➢ den Partner einer Fragestellerin,
➢ den finanziell orientierten Vater oder Schwiegervater,
➢ den Konkurrenten (als Geliebter ebenso wie als Kollege am Arbeitsplatz),
➢ einen sehr erfolgreichen Geschäftsmann,
➢ aber auch eine Frau, die das Leben in ganzen Zügen auszuschöpfen und genießen weiß, sich das „nötige Kleingeld" dafür aber selbst verdient.

In seinem Wesen ist *der König der Münzen* angesehen, siegreich, wohlhabend, anständig, authentisch.
In seinem Aussehen mit eher dunkleren Haaren.

*Hinweis:*
Entweder ist es die / der FS selbst oder eine Person mit den Wesenzügen des Königs der Münzen.

106

# SCHLUSSWORT

Liebe Leserinnen und Leser,

auf den vorangegangenen Seiten haben Sie nun einen tieferen Einblick in die Motive von Isabel Krsnic erhalten. Bitte bedenken Sie, dass dieses Begleitbuch wirklich nur einen Bruchteil dessen wiedergeben kann, was tatsächlich alles in den Karten an Informationen verborgen ist. Wenn Sie jedoch die Grundaussagen aller Karten erst einmal verinnerlicht haben, können Sie Ihr Wissen mit weiterführenden Büchern, die der Markt zu bieten hat, ergänzen und auch alle Legemuster anwenden, für die das ursprüngliche Rider-Waite-Tarot geeignet ist.

Als ich vor einiger Zeit die ersten Motive von Isabel gesehen habe und die Frage im Raum stand, ob ich dafür ein Buch schreiben könnte, tat ich mich – ehrlich gesagt – schwer. Denn die Motive waren so ganz anders als bei jenen Kartendecks, die man heute wohl als *geläufig* bezeichnen würde. Mittlerweile, nicht zuletzt auch durch das intensive Betrachten und der beständigen Frage, was Isabel aus ihrer Intuition heraus beim Zeichnen mit ihrer Gestaltungswahl zum Ausdruck bringen wollte, sind mir diese Karten regelrecht ans Herz gewachsen und ich nehme sie gerne bei meinen Legungen zur Hand.

Es war mein Wunsch, Ihnen diese bildschönen Motive einer großartigen Künstlerin näher zu bringen. In der Hoffnung, dass mir dieses mit diesem Begleitbuch gelungen ist, möchte ich mich von Ihnen verabschieden, danke für Ihr geduldiges Lesen & Lernen und wünsche Ihnen auf Ihren irdischen wie spirituellen Wegen allzeit alles Liebe und Gute.

Machen Sie's gut!

# MEINE BÜCHER

## Von Wünschen, Träumen, Affirmationen ...

ISBN 978-3-8370-2914-7
Paperback, 116 Seiten
€ 9,95 (inkl. MwSt.)

Verlag:
BoD Norderstedt GmbH

## Mlle. Lenormand for Kids
**Das BUCH über die bunte & spannende Welt der Karten**

ISBN 978-3-8370-1295-8
Paperback, 212 Seiten
€ 14,95 (inkl. MwSt.)

Verlag:
BoD Norderstedt GmbH

110

# 7 Gutenacht-Geschichten aus dem Leben von Oemmel & Boemmel

ISBN 978-3-8370-1349-8
Paperback, 64 Seiten
€ 6,95 (inkl. MwSt.)

Verlag.
BoD Norderstedt GmbH

# Mlle. Lenormand: Die große Tafel 4 x 9
Spiegeln, Rösseln, Korrespondieren, Häuser: 8 reale Fälle aus meiner Praxis als Kartendeuterin

ISBN 978-3-8370-1227-9
Paperback, 144 Seiten
€ 13,90 (inkl. MwSt.)

Verlag:
BoD Norderstedt GmbH

### Zusätzlicher Hinweis:

Das Buch „Die große Tafel 4x9" wird es ab Ende 2008 / Anfang 2009 mit den identischen Fällen auch für das Legemuster „Die große Tafel 4x8 + 4" geben.

111

**Wahrsagen mit dem astro- mythologischen Grand Jeu der Mlle. Lenormand**

ISBN 978-3-8909-4551-4
Softcover, 191 Seiten
€ 19,95

Verlag:
Bohmeier Verlag